AZIMUT

Erinnerungen an das Schnelle Minensuchboot Perseus und das 5. Minensuchgeschwader

Herausgegeben von Harry Ritter

Den Wehrpflichtigen

bei der Deutschen Bundesmarine

gewidmet

Azimut
Erinnerungen an das Schnelle Minensuchboot Perseus
und das 5. Minensuchgeschwader

Umschlagsgestaltung BoD
Umschlagfoto Harry Ritter
Alle Rechte vorbehalten

ISBN: 9783758331398

© 2024 Harry Ritter
Herstellung und Verlag:
BoD – Books on Demand, Norderstedt

Inhaltsverzeichnis:

Vorwort

Dieses Büchlein handelt über meine Dienstzeit bei der Deutschen Bundesmarine in den Jahren 1977 bis 1979. Von diesen zwei Jahren habe ich die längste Zeit an Bord des Schnellen Minensuchboots - oder abgekürzt SM-Boot - „Perseus" zugebracht.

Die Perseus war in Olpenitz in der Nähe von Kappeln an der Schlei stationiert und mit zehn weiteren SM-Booten sowie dem Versorgungsschiff „Mosel" Teil des 5. Minen-such-Geschwaders. Alle SM-Boote hatten Namen von Sternbildern, also außer Perseus noch „Orion", „Wega" etc. Die hier geschilderten Ereignisse haben sich tatsächlich so zugetragen. Den Marinehafen Olpenitz gibt es heute nicht mehr, er ist einem Ferienressort gewichen. Auch die gute alte Perseus existiert nicht mehr, sie wurde nach ihrer Ausmusterung zunächst noch Wohnschiff im Hamburger Hafen und hatte schließlich in dem Fernsehfilm „Schtonk" einen kurzen Auftritt, bevor sie verschrottet wurde.

Einleitung

Dreiundachtzig Kilogramm. Mein Gewicht bei der Eingangs-untersuchung der Bundesmarine. Oder besser gesagt, meine Masse. Ganz ordentlich für meine Größe, 1,75 m. Aber ich hatte Leistungssport getrieben, früher mal. Gerudert, beim VWM. Das war der „Volkstümliche Wassersportverein Mannheim". Ein kleiner Verein. Dafür aber im Besitz einer Ruder-, einer Kanu- und einer Schwimmabteilung. Und auch ein Motorboot nannte der Verein sein Eigen, das war aber ausschließlich dem Ruderertrainer vorbehalten.
Geschwommen wurde in der wärmeren Jahreszeit im Stollenwörthweiher, einem Gewässer im südlichen Mannheimer Vorort Neckarau, gepaddelt und gerudert am anderen Ende der Stadt, auf dem Altrhein zwischen den Stadtteilen Luzenberg und Sandhofen, dort liegt auch die

Mündung des Altrheins in den Rhein. Hin und zurück waren das neun Kilometer, unser normales tägliches Trainingspensum unter der Woche, samstags und sonntags auch schon mal das Doppelte. Wir waren vier bis fünf „Rennruderer", das heißt, wir nahmen regelmäßig an Wettbewerben teil. Training war an sechs Tagen in der Woche, ein Tag war Ruhetag. Im Winter wurde allerdings nur an den Wochenenden gerudert, unter der Woche fanden Krafttraining, Dauerläufe und Ballspiele statt. Gefahren bin ich zumeist im Einer und Doppelzweier, das sind sogenannte Skullboote, mit zwei Ruderblättern pro Mann, im Unterschied zu den Riemenbooten mit nur einem großen Ruder, dem Riemen, pro Ruderer.

Bei Wettbewerben hatten wir immer eine große Konkurrenz, zum Beispiel die „Amicitia" am Neckar oder den „Mannheimer Ruderclub" am Rhein, beides Vereine mit einer viel größeren Anzahl an Ruderern als unser VWM. Bei Regatten wurde ich komischerweise immer Zweiter, wobei zwischen drei und sechs Ruderer oder Mannschaften teilnahmen. Aber nur die Sieger bei solchen Vergleichen kamen weiter, also zum Beispiel zu den Baden-Württembergischen Meisterschaften.
Vielleicht aus diesem Grund hab ich noch vor dem Abi mit dem Leistungssport als Rennruderer aufgehört, außerdem hatte ich schon damals ein Rückenleiden, das durch die Ruderei nicht gerade besser wurde.

Mein Faible oder ehemaliges solches für den Wassersport war aber keineswegs der Grund für meinen freiwilligen Eintritt bei der Bundesmarine. Auch habe ich dort nie gerudert oder gepaddelt und seltsamerweise noch nicht einmal gesegelt. Und auch schwimmen war ich lediglich in der Freizeit, meistens im schönen Wellenbad in Eckernförde, da die Ostsee den größten Teil des Jahres dafür zu kalt war. Wassersportarten waren auch keineswegs Einstel-lungslungsvoraussetzung für die Marine. Eigentlich war gar kein Sport vonnöten.
Es gab natürlich Gründe für meine Verpflichtung zum

„SaZ 2", also zum Soldat auf Zeit für zwei Jahre. Das war die kürzeste Dauer, sich über die übliche Wehrdienstzeit hinaus zu verpflichten. Die Wehrpflicht betrug damals fünfzehn Monate, die zwei Jahre waren also nur neun Monate länger. Vor allem aber bekam man Geld. Endlich konnte ich mal regelmäßig richtiges Geld verdienen, gute Deutsche Mark. Die ersten sechs Monate gab's allerdings nur Wehrsold, das waren so achtzig Märker alle vierzehn Tage. Die Einsparmaßnahmen wegen der geburtenstarken Generation der Baby-Boomer hatten auch die Bundeswehr bereits erfasst. Das hieß, die Arbeitgeber waren damals überall im Vorteil, es gab in allen Bereichen genügend Nachwuchs, und man konnte sich die Mitarbeiter aussuchen.

Ab dem siebten Monat ging es dann aber in die „Vollen", das waren monatlich so um die tausend Mark. Und nach einem Jahr, nach der Beförderung zum Unteroffizier, waren es dann schon elfhundert. Plus Bordzulage.

Bordzulage wurde für jedenTag, den man ganz oder zum Teil auf See verbrachte, gezahlt. Wie viele Stunden und wie viel Geld pro Tag das waren, weiß ich nicht mehr so genau, aber mit etwa dreihundert Mark pro Monat konnte man im Durchschnitt schon rechnen. Außerdem erhielten wir pro Seetag zwei Schachteln Zigaretten für sechzig Pfennig pro Schachtel, zoll- und steuerfrei. Recht günstig, denn damals kostete eine Schachtel bereits drei DM. Mancher wurde so zum Raucher, der noch keiner war. Das hatte aber auch noch andere Gründe. Wer dennoch Nichtraucher blieb, nahm die Zigaretten trotzdem. Er konnte sie ja verkaufen, eintauschen oder verschenken. Außerdem erhielten wir noch die „Monatsflasche". Das war eine Spirituosenflasche nach Wahl pro Monat, ebenfalls zoll- und steuerfrei. Gegenüber einer Landtätigkeit, militärisch korrekt „Land-kommando" genannt, bot die Verwendung an Bord also schon eine Menge Vorzüge.

Da man zudem Kost und Logis völlig umsonst erhielt, hatte ich bald das Geld zusammen für mein neues Motorrad, eine Suzuki GT 250. Mein altes und gleichzeitig erstes, eine Yamaha RD gleichen Hubraums, hatte ich, wenn auch unverschuldeter Weise, im Februar 1977 gecrasht. Die „Suzi" war eine „Graue", also ein Re-Import, neu für ganze 2390 Mark. Die Japaner lieferten nämlich in andere Länder, die damals anscheinend ärmer waren, günstiger als nach Deutschland, und das machten sich die Re-Importeure zu Nutze. Außerdem hab ich noch meinem Gitarrenlehrer dessen alten, aber noch rüstigen VW Käfer, Baujahr 1964, für 700 Mark abgekauft. Beide Fahrzeuge konnte ich mir bereits im März 1978 zulegen.

Meine Suzuki GT 250, Baujahr 1978

Zwischen der Abi-Prüfung im Mai und dem Dienstantritt bei der Bundeswehr lagen noch zwei Wochen auf Mallorca, das Geld dafür hatte ich von der Versicherung nach meinem Motorradunfall vom Februar erhalten. Damals gab zwar es noch keinen „Ballermann", aber doch schon eine Vergnügungszeile in El Arenal.

Außerdem musste ich meinen Haarschnitt adaptieren. Die Zeit der Haarnetze bei der Bundeswehr war vorbei, also musste die schöne lange Lockenpracht runter.

Kapitel 1: Grundausbildung
1.1 Dienstantritt

Erster Juli 1977. Ich fahre mit dem Zug von Mannheim-
Waldhof nach Bremerhaven. Auf der Ziegelsteinwand des
Bahnhofsgebäudes Waldhof, heute längst abgerissen, ist
noch ganz gut, wenn auch etwas verwaschen, „Räder
müssen rollen für den Sieg" zu lesen. Mein Vater hat mich
zum Bahnhof begleitet. Er sieht recht traurig drein, für mich
etwas überraschend, er sollte doch froh sein, dass ich endlich weg bin. Mir war im Gegenteil gar nicht traurig zumute.
Denn eine Freundin hatte ich derzeit auch keine mehr, also
auf zu neuen Ufern.

„Jung", „Modern", „Weltoffen", mit dieser Inschrift empfing
mich Bremerhaven auf dem dem Bahnhof gegenüberlie-
genden Gebäude. Die Häuser ringsum waren aus schönem
rotem Backstein. Rechts vom Bahnhof ein Geschäft für
„Ehehygiene". Der Begriff erschien mir ungewohnt und so
altbacken wie die Steine.
Vom Bahnhof Bremerhaven gönne ich mir noch eine Taxifahrt zu meinem ersten, etwa 20 km entfernten Einsatzort,
einer Kaserne in Drangstedt.

Kennen Sie Drangstedt, Hymendorf, Flögeln und Fickmüh-
len?
Nein, diese vier Dörfer in der Nähe von Bederkesa am
schönen Bederkesaer See kannte ich auch nicht bis zu je-
nem ersten Juli des Jahres 1977. Die Ortsnamen kamen
mir zwar etwas seltsam vor, doch darauf, dass sich dies
irgendwann irgendein Lustmolch ausgedacht haben könnte,
bin ich nicht gekommen, bis es später mal jemand in einem
Vortrag erwähnt hat.
In Drangstedt sollte nun also die Grundausbildung bei der
Bundeswehr stattfinden, die auch „Grundi" genannt wurde.
Ja, diese gab es auch bei der Marine, nicht nur beim Heer,
den „Stoppelhopsern". Das Kriegshandwerk musste ja von
der Pike an gelernt werden. Auch wenn damals das Wort

„Krieg" bei der Bundeswehr überhaupt nicht vorkam. Das war sogar völlig undenkbar, jenseits jeder Vorstellung. Es gab nur den Verteidigungsfall, den „V-Fall", und die Streitkräfte durften zwingend nur zur Abwehr eines Angreifers eingesetzt werden. Trotzdem, oder gerade deswegen, war die Bundeswehr damals etwa fünfhunderttausend Mann stark und bestand größtenteils aus Wehrpflichtigen.

Zunächst ging es zur Einkleidung. Neben dem „passenden" Stahlhelm und der blauen und weißen Marinekleidung mitsamt „Colani" (blaues Jacket) und dem selbstzubindenden Knoten bekamen wir noch die olivgrüne des Heeres. Auch die schönen langen Unterhosen. Außerdem erhielt ich die obligatorische Gasmaske und zusätzlich eine Schießbrille mit der entsprechenden Sehstärke, ich war ja bereits seit einiger Zeit Brillenträger. An Schuhwerk gab es außer den Seestiefeln noch schwarze Halbschuhe und die sogenannten „Nullachter", das waren eine Art Wanderstiefel. Insbesondere die olivgrüne Kleidung des Heeres wurde nun unsere zweite Haut für die nächsten drei Monate.

Drangstedt war Luftkurort. Unsere Kaserne, erzählte man uns, war früher ein Sanatorium für lungenkranke Kinder, vor allem Asthmatiker. Für mich gar nicht so schlecht, da ich damals mit einem alljährlich wiederkehrenden „Keuchhusten", wie man es nannte, behaftet war. Davon sollte ich mich tatsächlich in den kommenden Wochen völlig auskurieren.

1.2 Dienstgrade

Als ausgesprochener Kuraufenthalt sollten sich die nächsten drei Monate nun aber doch nicht gerade herausstellen. Wir, also die neuen Rekruten, wurden in drei Ausbildungskompanien und diese wiederum in drei Züge eingeteilt. „Zug" entspricht dem englischen „platoon", der gleichnamige Film dürfte noch manchem Leser bekannt sein. Die Kompanie bestand aus 150 Mann, ein Zug dementsprechend aus 50 Soldaten. Unser Kompaniechef, ein Kapitän-

leutnant, war ein Graf S., ein kleiner faltiger Mann von 33
Jahren. Ich hätte ihn allerdings locker auf 50 geschätzt.

Viele länger dienende Soldaten, vor allem aber Berufssoldaten, wirkten auf mich, wie ich immer wieder feststellte,
viel älter, als sie tatsächlich waren. So auch einer unserer
Zugführer, ein Leutnant, 22 Jahre alt und schon völlig
ergraut.

Die Dienstgrade begannen bei der Marine beim Matrosen.
Nach einem halben Jahr wurde man normalerweise zum
Gefreiten und nach einem weiteren halben Jahr zum Ober-
gefreiten befördert.
Zeitsoldaten absolvierten regelmäßig nach der Grundausbildung noch einen sechsmonatigen Lehrgang und wurden
nach einem Jahr Unteroffizier, was bei der Marine „Maat"
genannt wurde.

Eine besondere Spezies, die immer einen coolen Eindruck
vermittelte, waren die älteren Ober- und Hauptgefreiten, die
sogenannten „Lords". Diese hatten sich für mindestens
zwei Jahre verpflichtet, dachten aber nicht daran, einen
Unteroffiziers-Lehrgang zu absolvieren oder hatten diesen
nicht bestandenen. Wie auch immer.

Um den Rang eines Bootsmanns, der dem des Feldwebels
bei Heer und Luftwaffe entsprach, zu erreichen, musste
man sich schon für mindestens acht Jahre verpflichten, was
„SaZ 8", also Soldat auf Zeit für 8 Jahre genannt wurde.
Auch eine Berufsausbildung konnte man in dieser Zeit
absolvieren. Bei den Bootsleuten gab es die Aufstiegs-
möglichkeiten zum Ober- und Hauptbootsmann, letzterer
oft auch als „Spieß", der „Mutter der Kompanie" eingesetzt.

Die Offiziere begannen ihre Laufbahn ebenfalls als
Matrosen und wurden nach 6 Monaten Gefreite, allerdings
mit der Ergänzung „O.A." (Offiziersanwärter). Nach einem
Jahr erfolgte die Ernennung zum Seekadett, nach zwei

Jahren zum Fähnrich und nach drei Jahren zum Leutnant
zur See.
Voraussetzung, um Offizier zu werden, waren eine entsprechende Vorbildung, in der Regel Abitur (dieses hatte damals noch eine a ndere Konsistenz als heutzutage), das
Bestehen einer Aufnahmeprüfung und eine mindestens
vierjährige Verpflichtung. Bestand ein Offiziersanwärter die
Aufnahmeprüfung und verpflichtete sich für 12 Jahre, konnte er an einer der beiden Bundeswehrhochschulen in Hamburg oder München Betriebswirtschaftslehre bzw. Elektro-
technik oder Maschinenbau studieren.
Schließlich gab es noch die Möglichkeit, Medizin zu
studieren, wenn man sich für mindestens 15 Jahre
verpflichtete und die Einstellungsvoraussetzungen erfüllte.
Oberhalb dieser Verpflichtungszeiten konnte noch die
Karriere des Berufsoffiziers bzw. Berufssoldaten („Z Grab-
stein") angestrebt werden.
In aller Regel waren die Mannschaften über die
Verpflichtungsdauer ihrer Vorgesetzten recht gut im Bilde.

1.3 Ausbildung

Die Grundausbildung bei der Marine unterschied sich
praktisch nicht von der entsprechenden Dienstzeit bei den
anderen beiden Waffengattungen Heer und Luftwaffe. Der
„Formaldienst" hatte einen hohen Stellenwert. Als Formaldienst bezeichnete man das Üben militärischer Kommandos, wie „Links um", „Rechts um", „Abteilung kehrt", „Stillge-
standen", „Hinlegen" „Sprung auf, Marsch, Marsch", „Prä-
sentiert das Gewehr" usw.

Gewaltmärsche und Nachtalarme waren an der Tagesordnung. Das Marschgepäck des Soldaten war fündund-
zwanzig Kilogramm schwer, einschließlich Gewehr und
Spaten. Es kam vor, dass Soldaten bei diesen Märschen
zusammenbrachen und dann entweder von den Kameraden gestützt bzw., in schwereren Fällen, per Fahrzeug
heimwärts transportiert werden mussten.

Ausbilder in der Grundausbildung waren Maate und Bootsmänner, also Soldaten im Unteroffziers- und Feldwebelrang, und deren Anordnungen musste man natürlich immer Folge leisten. Der normale Gang war der Laufschritt, zum Beispiel beim Heraustreten aus den Stuben zur „Musterung", was recht häufig vorkam, offensichtlich hatte man Angst, dass einer ausbüxt. Ein normales Gehen oder gar ein Schlendern war während der täglichen Dienstzeit, also mindestens bis zum abendlichen „Backen und Banken", so wird das Essen bei der Seefahrt genannt, nicht zulässig.

Also auch an die bei der Marine üblichen Begriffe mussten wir uns schon mal gewöhnen. So hieß es am Abend zum Dienstende „Ausscheiden mit Dienst, klar Deck überall" und spätestens um 22 Uhr „Pfeifen und Lunten aus, Licht aus". Nach 22 Uhr durfte sich normalerweise nur noch der Wachdienst draußen bewegen, was auch kontrolliert wurde.

Einen besonderen „Spaß" gönnte sich so mancher Ausbilder, indem er die Rekruten bei Nachtalarmen nacheinander in wechselnder Bekleidung an- und wieder wegtreten ließ. Die Anzüge bei der Marine wurden „Geigen" genannt. So gab es die erste und zweite Geige blau und die erste und zweite Geige weiß.
Man konnte nie wissen, ob nach dem Alarm noch ein Gewaltmarsch folgte. Wenn also jemand, um Zeit zu sparen, bei diesem Kostüm-Zirkus ohne Socken in den Stiefeln antrat, so bekam er das unter Umständen später noch sehr schmerzhaft zu spüren.
Ein weiterer „Spaß" war, die Rekruten nach diesen Übungen mit gepacktem Seesack antreten zu lassen. Der Seesack, eine Art übergroßer Rucksack, war das Transportbehältnis für alle Uniform- und Wäscheteile des Seesoldaten. Nach dem Alarm und dem etwaigen mehrmaligen Umzie-hen mussten nun die gesamten Uniformteile sauber, voll-ständig und in ordentlichem Zustand im Seesack eingepackt vorgelegt werden.

Für solche „Späße" revanchierten sich die Matrosen
zuweilen, wenn man den Erzählungen Glauben schenken
darf, dass sie das Schnitzel für das Mittagessen des
Ausbilders an einer Schnur die Toilette hinunterspülten und
dann wieder hochzogen. Dies ging natürlich nur, wenn man
entsprechenden Zugang zur Küche hatte.

Selbstverständlich wurden während der Grundausbildung
auch eine größere Anzahl von Geländeübungen durchgeführt. Dabei wurde Übungsmunition, die sog. „blaue
Munition", die zur leichteren Unterscheidung von der
scharfen Munition blau eingefärbt war, benutzt, die zwar
schön knallte, aber doch weitgehend ungefährlich war. Es
sollte ja auf diese Art niemand zu Schaden kommen.
Trotzdem war die Belastung während der Geländeübungen
beträchtlich, sowohl in physischer als auch psychischer
Hinsicht, da es oft eine ziemliche Schinderei war.

Alle Märsche und Geländeübungen wurden in der schönen
Umgebung rund um Bederkesa unternommen. Über die
Gegend konnte also keiner maulen, über das Wetter zu
dieser Jahreszeit zumeist nicht wirklich klagen, und die
gelegentlich stattfindenden Zeltlager waren durchaus
erträglich.

Die Jahreszeiten allerdings liefen bei der Bundesmarine
nicht ganz so ab, wie es der Kalender eigentlich vor-
schreibt. Denn es gab überhaupt nur Sommer und Winter.
Frühling und Herbst fanden einfach nicht statt. Sommer und
Winter wurden zudem „befohlen". So war der Sommer
befohlen für die Zeit vom ersten April bis zum dreißigsten
September. Dementsprechend war der Winter vom ersten
Oktober bis zum einunddreißigsten März befohlen. Für
Sommer und Winter gab es besondere Bekleidungsvor-
schriften. So hatten die Matrosen im befohlenen Sommer
die leinenen weißen Blusen zu tragen, im befohlenen
Winter dagegen die entsprechenden wollenen blauen
Sachen. Wobei es natürlich noch die Unterscheidung

zwischen Arbeits- und Ausgehklamotten zu berücksichtigen
galt. Letztere waren vor allem beim Einlaufen in auslän-
dische Häfen oder bei Wachdiensten zu tragen.

Naturgemäß wurde auch das Schießen geübt. Die ständige
Bewaffnung war das „G3", ein Schnellfeuergewehr vom
Kaliber 7,62 x 51 mm, das soll heißen, die Patronen hatten
einen Durchmesser von 7,62 mm und waren 5,1 cm lang.
Das Magazin fasste zwanzig Patronen. Das G3 konnte auf
Einzel- oder Dauerfeuer gestellt werden. Ein guter Schütze
konnte angeblich, nach Aussage eines Ausbilders, bei
Dauerfeuer den Abzug nur so kurz betätigen, dass lediglich
zwei Kugeln verschossen wurden. Das kann ich allerdings
nicht bestätigen. Grundsätzlich funktionierte aber sowohl
das Einzel- als auch das Dauerfeuer recht gut. Das G3
sollte angeblich vier Kilometer weit schießen und auf vier-
hundert Meter noch tödlich wirken. Letzteres doch wohl nur,
wenn ein wichtiges Körperteil getroffen wurde, oder aufgrund der Schockwirkung. Das kann ich aber auch nicht
bestätigen.
Bestätigen kann ich hingegen, dass wir das G3 andauernd
auseinander- und wieder zusammenbauen mussten, das
musste quasi im Schlaf klappen. Dabei hatte das Gewehr
zwei Bolzen, die recht schwer zu lösen waren, und die ich
bei den entsprechenden Übungen manchmal wegließ, um
es schneller wieder zusammenzusetzen. Das führte schon
mal zu erheblichem Ärger mit dem Ausbilder, einem
Bootsmann, wenn der dieses bemerkte.
Weitere Waffen, an denen wir ausgebildet wurden, waren
das Maschinengewehr, die Pistole und die Maschinenpi-
stole, wir hatten die israelische Uzzi, soweit mir erinnerlich.

Der Autor als Matrose während der Grundausbildung 1977

1.4 Dienst und Freizeit

Zwischen den verschiedenen Ausbildungseinsätzen
mussten wir natürlich auch mal was essen. Essen war
Dienst! Soll heißen, man konnte sich nicht vorm Essen
drücken. Zur Kantine, bei der Marine Kombüse genannt,
ging es Zug-weise gemeinsam. „Ohne Tritt Marsch", hieß
es dann, im Unterschied zum Gleichschritt.
Das Kommando „ohne Tritt Marsch" musste auch immer bei
der Überquerung von Brücken gegeben werden, da diese
beim Gleichschritt leicht in Schwingung geraten und sogar
einstürzen konnten.
Bei diesen Essensgängen beobachtete ich gerne die
Gesichter der Kameraden (beim Militär werden die
Kollegen bzw. Schicksalsgenossen als Kameraden
bezeichnet.)
Sie zeugten von der psychischen Belastung, die durch den
Eintritt in die Bundeswehr eingetreten war. Das Zivilleben
war halt erst einmal weitgehend vorbei, man war persönlich
stark eingeschränkt und musste sich an die geltenden
Regeln halten. Freudig, locker oder gelöst sah jedenfalls
hier niemand aus. Durch die später eintretende
Gewöhnung löste sich diese Anspannung aber mit der Zeit
glücklicher-weise wieder auf.
Über die Qualität oder die Quantität des Essens konnte
sich allerdings ernstlich keiner beschweren, und das hätte
sich zu diesem Zeitpunkt auch kaum jemand getraut.

Untergebracht waren wir in „Stuben" zu jeweils sechs
Mann. In den Stuben wurde nicht nur gewohnt, das heißt
hauptsächlich geschlafen, sondern auch ein Teil des
Dienstes verrichtet, insbesondere das Waffenreinigen und
der „Zeugdienst". Der Zeugdienst beinhaltete alle Arbeiten
am „Zeug", sprich an der Kleidung und den anderen
Ausrüstungsgegenständen außer den Waffen, zum Beispiel
der Gasmaske und dem Spaten.

Auf das Gewehrreinigen wurde sehr großen Wert gelegt.
Nach den Geländeübungen kam das G3 naturgemäß

infolge des Robbens im Matsch oft verschmutzt zurück. Laut Aussage eines unserer Ausbilder konnte man „das Gewehr ruhig mit unter die Dusche nehmen", man durfte „sich nur nicht dabei erwischen lassen". Meines Wissens hat dies aber nie jemand gemacht, so dumm war keiner, es hätte wohl erhebliche Konsequenzen gehabt, der etwaige Rost wäre sicher noch die harmloseste gewesen.

Die Stuben und auch die Spinde wurden häufig gemustert, in der Regel vom UvD, dem Unteroffizier vom Dienst, dieses Amt hatte wechselweise einer der Ausbilder inne. Sowohl die Kojen (Betten) mussten auf eine bestimmte Art gemacht, als auch die Spinde entsprechend eingeräumt sein. Besonders der elektrische Rasierapparat wurde gerne kontrolliert, wehe es befand sich noch eine Bartstoppel darauf. Auch die Rasur wurde immer wieder geprüft, und wer dabei auf die Idee kam, sich einen Bart wachsen zu lassen; so einfach war das nicht, denn dafür musste extra ein Antrag gestellt werden. Das war mir dann doch zu blöd, da hab ich auf den Bart lieber verzichtet.

Freizeit auf unserer Stube in Drangstedt

Ausgang gab es auch, am Abend und an den Wochenenden (allerdings nicht am ersten), wenn man nicht gerade
zu einem Wach- oder sonstigen Dienst eingeteilt oder
irgendwie ungut aufgefallen war. Das konnte zum Beispiel
beim Waffenreinigen passieren, da konnte einem ein
„Elefant im Rohr" untergekommen sein.
Ob man wirklich in der dunklen Stube einen kleinen Fleck
im Gewehrlauf übersehen hatte oder der Elefant vielleicht
durch Alkoholgenuss des Kontrolleurs erschienen war, sei
mal dahingestellt. Jedenfalls wurde mir einmal wegen eines
solchen angeblichen Elefanten im Rohr der Ausgang für
das gesamte Wochenende gestrichen. Einverstanden war
ich mit dieser Maßnahme jedoch keineswegs und dachte
mir, frech wie ich damals war, „nicht mit mir".
Ich meldete mich folglich ganz normal beim Wachhabenden
ab und verließ die Kaserne.

Ich hatte mir nämlich zwischenzeitlich eine Freundin in
Bremerhaven zugelegt. Bei den Ausflügen mit den
Kameraden hatten wir bald das „Christopher of Bremen",
eine sehr hübsche Discothek in Bremerhaven entdeckt und
waren recht schnell deren Stammgäste geworden. Das
Christopher hatte die Innenausstattung in der Form eines
alten Segelschiffs. Dort lernte ich alsbald ein Mädchen,
zwar nordisch blond, doch durchaus nicht unterkühlt,
kennen.
Daher wollte ich natürlich kaum das ganze Wochenende in
der langweiligen Kaserne verbringen. Es kam wirklich so,
dass ich Glück hatte, und niemand mein Nichtvorhandensein bemerkte. Offensichtlich gab es keine Liste derer,
denen das Ausgehen am Wochenende gestrichen worden
war, oder, was wahrscheinlicher ist, diese war nicht
ordnungsgemäß geprüft worden. Aber vor allem hatte man
mit einer solchen Frechheit eines „Neuen" wohl doch nicht
gerechnet. Kaum auszudenken, wenn sie mir da auf die
Schliche gekommen wären.

Ein Highlight gegen Ende der Grundausbildung war die
Vereidigung, woran alle neuen Rekruten des Ausbildungs-
jahrgangs der Bundesmarine teilnahmen. Sie lief mit allem
zugehörigen militärischen Pomp: Musik, Fackeln, „Helm ab
zum Gebet", ab und war zugegebenermaßen für mich und
wohl auch die meisten anderen durchaus emotional
bewegend.
Nun waren wir also als richtige Soldaten auf die Bundes-
republik Deutschland eingeschworen worden.

Kapitel 2: Maatenlehrgang
2.1 Marineortungsschule

Während alle Wehrpflichtigen, also die, die nur den 15-
monatigen Grundwehrdienst ableisteten, zum ersten
Oktober entweder auf eine schwimmende Einheit, das heißt
ein Boot oder ein Schiff, kamen oder aber auf eine
Dienststelle an Land abkommandiert wurden, wurden
meine Stubenkameraden und ich zum Unteroffiziers-
lehrgang bei der Marineortungsschule (MOS) nach
Bremerhaven versetzt.

Wir hatten uns ja als Zeitsoldaten, manche wie ich für zwei,
die meisten für vier Jahre verpflichtet und konnten glücklicherweise daher noch die folgenden sechs Monate zu-
sammenbleiben. Die Grundausbildung und die gemein-
samen Freizeitunternehmungen hatten uns doch schon
ganz schön zusammengeschweißt, obwohl wir ganz
verschiedene Berufe, oder - wie ich - noch gar nichts
„Gescheites" gelernt hatten und direkt nach der Schule zur
Bundeswehr gegangen waren. Wir sollten nun also in
sechs Monaten zu Unteroffizieren herangebildet werden.

Bereits bei der Bewerbung als Zeitsoldat hatte man
bestimmte Verwendungswünsche angeben können. Ich
hatte „Navigation" angekreuzt und war nun, dem nicht
ganz, eigentlich überhaupt nicht entsprechend, dem

Fachbereich „Ortung/Taktische Navigation" zugewiesen
worden. Dort hatte man wohl noch Bedarf.
Wie sich jetzt aber herausstellte, war dies ein Glücksfall,
denn die Marineortungsschule (MOS) lag ja in Bremerhaven, also ganz in der Nähe zum Christopher und zu
meiner neuen Freundin.
Die MOS befand sich auf einem recht weitläufigen Gelände
im Geestbogen (die Geest ist ein Flüsschen, das in die
Weser mündet) und bestand aus mehreren größeren
älteren Backsteingebäuden, die sicherlich noch aus der
Kaiserzeit stammten.
Es begann nun für uns eine recht lockere Zeit. Kein
Vergleich zu Drangstedt. Fast kein Formaldienst, und unser
Gewehr mussten wir auch nur noch auf Wache schultern,
mit jeweils fünf Schuss scharfer Munition.
Die Wachrunde beinhaltete einen recht hübschen
Rundgang entlang der Geest. Beim Antreffen eines sich
unberechtigt Aufhaltenden sollten wir zwei Schüsse
abgeben, einen gezielten und einen Warnschuss, in dieser
Reihenfolge, laut der zumindest ernst vorgetragenen
Anweisung eines unserer Vorgesetzten. Zum Glück trieb
sich während meiner Wachrunden nie ein Unbefugter auf
dem Gelände herum, und auch meine Kameraden kamen
nie in die Situation, von der Schusswaffe Gebrauch
machen zu müssen.

Weniger gemütlich war allerdings der Aufenthalt im Wach-
häuschen, das wir während 24 Stunden außer zu den
Rundgängen nicht verlassen durften, und aus den
Klamotten kamen wir während dieser Zeit auch nicht. Da
war man froh, wieder auf die vergleichsweise kommode
Stube und zum Duschen zu kommen. Wie ist man doch
manchmal schon mit Kleinigkeiten zufrieden!

Wir waren also nun angehende Maate des Fachbereichs
23, der Ortung, kurz „Dreiundzwanziger" genannt. Erken-
nungszeichen war ein Blitz auf den Schulterklappen.
An dieser Stelle konnte man auf Anhieb die Angehörigen
aller möglichen Fachbereiche (FB) erkennen, außer der

Ortung gab es unter anderem den bereits genannten
Fachbereich Navigation, sowie die Funkerei, das Sperrwesen (Minenräumung), die Artillerie, den seemännischen

Blick von unserer Stube auf den Parkplatz der Marineortungsschule, die Geest
und Bremerhavener Hochhäuser, mein Käfer ist der zweite von links

Dienst und das Sanitätswesen. Die Maate für diese
Aufgaben wurden aber nicht an der MOS in Bremerhaven
ausgebildet.
Die 23er-Ausbildung umfasste hauptsächlich Radarwesen,
Sprechfunk, Englisch und Taktische Navigation. Letztere
fand ich etwas knifflig. Die Taktische Navigation fand am
sogenannten Plot-Tisch statt. Da mussten sowohl eigener
Kurs und Geschwindigkeit als auch die Parameter des
Gegners eingerechnet werden. Bei meinem späteren Einsatz an Bord des SM-Boots Perseus hatte ich jedoch mit
der Taktischen Navigation gar nichts zu tun, dort gab es
auch gar keinen Plot-Tisch, außer für das Sonar-Gerät, das
allerdings defekt war, dazu später mehr.

Weiterhin wurden wir noch im Brandschutz ausgebildet.
Dazu wurde unsere gesamte Kompanie extra mit mehreren
Bussen nach Neustadt/Holstein gefahren. Dort befand sich
ein altes Schiff, das zu Feuerlöschübungen genutzt wurde.
Jedenfalls durfte jeder mal mit Wasser und Feuerlöscher
die entfachten Flammen wieder ersticken.

2.2 Der Kümi

In diese Zeit bei der MOS fiel auch meine erste Seefahrt
mit einem Wasserfahrzeug der Bundesmarine. Bisher hatte
ich auf Seeschiffen lediglich ein paarmal den Ärmelkanal
überquert. Diese relativ großen Fährschiffe hatten allerdings mit unserer Nussschale wenig gemein. Hier handelte
sich nämlich um ein Küstenminensuchboot, einen „Kümi“.
Im Gegensatz zu den Küstenminensuchern gab es noch
die Schnellen Minensuchboote, auf ein solches es mich
dann ja später verschlug.
Die Kümis wurden von den Matrosen als „Butterschiffe“
bezeichnet, vor allem wegen deren relativer Bequem-
lichkeit. Relativ zu den Schnellbooten, schnellen
Minensuchbooten und natürlich zu den U-Booten. Die
Kümis waren langsamer als alle anderen Boote, dafür
verfügten sie über mehr Platz für die Besatzung, eine

geschlossene Brücke und ein geschlossenem Ruderhaus.
Sie boten also einen guten Wetterschutz.

Steuerrad und Sitz für den Rudergänger auf Perseus

Steuerstand mit Maschinentelegraph und elektrischem Kompass von Perseus

Nicht so die SM-Boote. Dort war die Besatzung der Brücke
und des Steuerstands immer dem Wetter, zumindest aber

der Außentemperatur ausgesetzt. Das Ruderhaus, wo sich
auch der Maschinentelegraph befand, war nach hinten zum
Aufgang zu der sich im Freien befindlichen Brücke offen.
Das SM-Boot vermittelte also gewissermaßen ein Schnell-
boot-Feeling, ohne ein solches zu sein.

Wir machten also jetzt mit dem „Butterschiff" einen
„schönen Ausflug" von Wilhelmshaven nach Helgoland.
Dort angekommen wurden wir nicht etwa ausgebootet, wie
die normalen Besucher der Hochseeinsel, sondern konnten
aufgrund des geringen Tiefgangs des Kümis in den
Helgoländer Hafen einlaufen. Auf der Insel konnten wir uns
dann noch gemütlich umsehen und später in der dortigen
Marineunterkunft übernachten, bevor es am nächsten Tag
wieder nach Wilhelmshaven zurück ging.
Natürlich sollten wir uns während der Überfahrten mit den
einzelnen Einrichtungen auf dem Boot vertraut machen.
Insgesamt also eine ganz angenehme Einführung in die
Seefahrt, wäre nicht die Seekrankheit gewesen, die mich,
damals aber noch vergleichsweise moderat, erstmals
befiel.
Dass nicht nur der Seegang, sondern auch die Schiffs-
größe und noch andere Parameter für das Ausmaß der
Seekrankheit verantwortlich sind, konnte ich später noch
zur Genüge feststellen. Jedenfalls war diese Fahrt mit dem
Minensuchboot auf der etwas kabbeligen Nordsee schon
ein erster kleiner Vorgeschmack.

2.3 Erster Tenor

Die Zeit des halbjährigen Unteroffizierslehrgangs
beinhaltete auch den Höhepunkt meiner „Sängerkarriere".
Ich wurde nämlich von dem Marinechor „Blaue Jungs aus
Bremerhaven", der routinemäßig immer bei den Rekruten
nach neuen Mitgliedern Ausschau hielt, als Erster Tenor
eingestellt. Nicht ganz zu Unrecht, diese Stimmlage hatte
ich bereits im Schulchor, nach dem Stimmbruch natürlich,
innegehabt.

Und ich wurde sogar Solist in diesem illustren Verein.
Die Proben und auch die Auftritte mit den „Blauen Jungs"
fanden außerhalb der Dienstzeiten statt. Zu den Auftritten
waren wir an Wochenenden oft Hunderte von Kilometern
unterwegs. Die Fahrten wurden in den recht unbequemen
olivgrünen Bundeswehrbussen absolviert. An Auftritte in
Hamburg, in der Eifel, in Iserlohn sowie im weit südlich
gelegenen Darmstadt kann ich mich noch gut erinnern.
Dabei gab es immer reichlich zu essen und zu trinken, an
Getränken vor allem belgisches Bier. Die Speisen gingen
bei diesen Gelegenheiten nie aus, wohl aber regelmäßig
das Bier. Egal in welchen Mengen vorhanden, geleert
wurde es schließlich immer. Nach diesen etwas zweifel-
haften Genüssen waren denn auch die Rückfahrten in den
rumpelnden Bundeswehbussen einigermaßen verkraftbar,
da wir diese meist im Tiefschlaf verbrachten.

Einmal besuchten wir mit den Blauen Jungs auch das Se-
gelschulschiff „Gorch Fock" in Kiel. Die Gorch Fock wurde
turnnusmäßig für die Grundausbildung der künftigen Seeof-
fiziere, die sich für mindestens zwölf Jahre verpflichtet hatten, genutzt. Die Offiziersanwärter sollten sich dort Grund-
kenntnisse in der traditionellen Seemannschaft, vor allem
aber den notwendigen Kameradschafts- und Team-geist
aneignen.
Neben den Auszubildenden hatte die Gorch Fock natürlich
auch eine Stammbesatzung, die teilweise auch aus ganz
normalen Wehrpflichtigen bestand. Mit einem von ihnen
kam ich ins Gespräch. Das Schiff machte auf mich einen
sehr ordentlichen und gut geführten und die Stammbesatzung dennoch – oder gerade deswegen – lockeren
Eindruck. Der Kommandant der Gorch Fock (Dienstgrad
Kapitän zur See) war damals ein Graf mit einem etwas
martialisch klingenden Namen.

2.4 Frauen an Bord

Frauen oder Mädchen gab es an Bord der Gorch Fock damals keine, wie auch sonst bei der gesamten Bundeswehr, wo man die holde Weiblichkeit außer bei der Krankenbetreuung im Sanitätsbereich (San-Bereich) zumeist nur noch bei der Telefonvermittlung antraf. Dies bedauerten wir zwar regelmäßig, insgeheim war es uns aber vielleicht gar nicht so unrecht. Einerseits hatten Frauen bei der „kämpfenden Truppe" unserer Meinung nach rein gar nichts verloren, andererseits wollten wir auch keine Verwicklungen, und es war uns eine Trennung zwischen Dienst und Privatleben eigentlich nicht unrecht.

Gestattet wurde es uns aber einmal, unsere Freundinnen oder Frauen zu einem gemütlichen Abend in den Kasernenbereich einzuladen, natürlich ohne anschließende Übernachtung bei uns. Laut einer glaubhaften Erzählung eines älteren Kameraden war es aber doch schon mal vorgekommen, dass ein Mädel in der Kaserne übernachtet hatte und am nächsten Morgen mit militärischem Begleitschutz sicher, wenn auch unter breitem Grinsen der anwesenden Soldaten, hinausgeleitet wurde.

2.5 Einsatzwünsche

Unsere Ausbilder während des Maatenlehrgangs waren zumeist „Fachoffiziere", so nannte man Offiziere, die aus dem Unteroffiziers- in den Offiziersrang aufgestiegen waren. Den Fachoffizieren blieb meistens nur eine Karriere in einem bestimmten Fach, zum Beispiel Navigation oder Ortung und nur bis zum Rang eines Kapitänleutnants, was dem Hauptmann bei Heer und Luftwaffe entspricht. So war unser Ausbildungsleiter, der seine fränkische Herkunft nicht verleugnen konnte, ein Oberfähnrich. Dies entsprach dem Rang eines Oberbootsmanns als Offiziersanwärter. Kennzeichen war ein schmaler Streifen am Ärmel, im Gegensatz zum breiten Streifen eines Leutnants. Ernst genommen

wurden die Oberfähnriche vielleicht wegen dieses schmalen Streifens irgendwie nicht so ganz.
Ein anderer Ausbilder war ein sehr netter Leutnant, der aus der Nähe von Koblenz stammte und des besseren Klimas wegen zur Bundesmarine gegangen war. Er konnte die gestaute Hitze im Moseltal während des Sommers schlecht ertragen, wie er uns mitteilte.

Über Weihnachten und den Jahreswechsel 1977/78 konnten alle Lehrgangsteilnehmer nach Hause fahren, was durchaus keine Selbstverständlichkeit war, wie ich ein Jahr später erfahren durfte.

Gegen Ende des Lehrgangs wurden wir ob unserer späteren Verwendungswünsche befragt. Fast jeder meldete sich für den Einsatz auf einer größeren schwimmenden Einheit. Die größten Schiffe bei der Bundeswehr waren ja außer einigen Ausbildungs- und Versorgungsschiffen die Zerstörer, Fregatten und Korvetten, hier absteigend nach Größe und Geschwindigkeit aufgeführt (was heute nicht mehr unbedingt stimmen muss). Beliebt waren außerdem auch die Schnellboote. Auch ich wollte auf eines dieser Fahrzeuge. Zum einen lagen diese Schiffe und Boote in größeren Hafenstädten wie Wilhelmshaven, Kiel oder Flensburg. Man konnte also auch mit seiner Freizeit vielleicht dort noch was anfangen. Zum anderen konnte man auf den größeren Schiffen damit rechnen, auch mal eine weitere Auslandsreise zu unternehmen.

Mein Einsatzwunsch ging jedoch nicht in Erfüllung. Für mich hieß es jetzt: 5. Minensuchgeschwader, Olpenitz. Olpenitz war ein sogenannter „Einödsstandort". Es liegt an der Ostsee, etwa in der Mitte zwischen Kiel und Flensburg und ganz in der Nähe von Kappeln an der Schlei.

Der Einsatz dort bedeutete den Abschied von allen meinen bisherigen Kameraden während der Grundausbildung und des Maatenlehrgangs, denn ich war der einzige Ortungsmaat bzw. „Dreiundzwanziger", der zu diesem Zeitpunkt

nach Olpenitz versetzt wurde. Ein richtiger Maat war ich allerdings immer noch nicht, sondern nur „GUA". Das sollte heißen „Gefreiter Unteroffiziersanwärter".
Die Gattung der „UAs" wurde noch weniger ernst genommen als die Oberfähnriche und waren häufig Zielscheibe des Spotts – „UUAAA, UUAAA, UUAAA".

Abschied nehmen musste ich auch von den „Blauen Jungs aus Bremerhaven" und meiner Karriere als Solosänger.

Unsere gemütliche Stube in der MOS in Bremerhaven

Kapitel 3: Perseus
3.1 Boot und Besatzung

1. April 1978. Dienstantritt wie befohlen um zwölf Uhr Mittags auf „SM-Boot Perseus" beim 5. Minensuch-geschwader in Olpenitz.
Olpenitz war seit 1964 der dritte Marinehafen der Bundes-wehr an der Ostsee, neben den beiden historisch gewach-senen Ostseehäfen für Kriegsschiffe in Kiel und Flensburg.

Auf Perseus sollte ich nun nicht nur zur See fahren oder im Hafen liegen, es war auch meine Wohnung bzw. mein „Wohnschiff" für die nächsten 15 Monate, größtenteils jedenfalls.

Die Perseus war offiziell ein Boot und kein Schiff. Die Marine war da etwas eigen in dieser Beziehung. Von der Größe des Fahrzeugs hing diese Bezeichnung jedenfalls nicht unbedingt ab. Ein Schiff hatte als Vertretung für den Kapitän immer einen Ersten Offizier. Wenn es diesen nicht hatte, dann war es eben ein Boot. So war das im Vergleich zu den Minensuchbooten riesige Versorgungsschiff des 5. Minensuchgeschwaders, der „Tender Mosel", im Marineverständnis ebenfalls ein Boot. Als „Tender" wurden die Unterstützungsschiffe bei den Bootsgeschwadern bezeichnet.

Die Perseus hatte eine Größe von dreihundertfünfzig Bruttoregistertonnen und eine Besatzung von fünfunddreißig Mann. Einen Ersten Offizier gab es zwar nicht, aber einen ersten Wach-Offizier (IWO, ausgesprochen „Eins Weh Oh"). Die Funktion des Wachoffiziers konnte im Bedarfsfall auf einen anderen Soldaten übertragen werden, sollte der IWO mal ausfallen, es musste nicht unbedingt ein Offizier sein. Und zeitweise hatten wir auf Perseus auch noch einen zweiten Wachoffizier (IIWO).

Außer dem Kommandanten und dem Wachoffizier bzw. den Wachoffizieren hatten die SM-Boote noch einen weiteren Offizier, den „Schiffstechnischen Offizier" (STO). Der STO war der Vorgesetzte aller „Heizer" also des gesamten Maschinenpersonals. Perseus hatte zwei Dieselmaschinen mit jeweils 2250 PS und außerdem eine E-Maschine für das Betreiben aller elektrischen Anlagen. Entsprechend gab es einen Mot(oren)-Meister und einen E(lektro)-Meister mit den dazugehörenden Maaten und Gasten.

Der Tender „Mosel", Versorgungsschiff des 5. MSG

Während meiner Zeit an Bord von Perseus hatten alle drei ständig anwesenden Offiziere, also der Kommandant, der IWO und der STO den Dienstgrad Oberleutnant (zur See). Dies führte zu der für mich komisch anmutenden Situation, dass der Kommandant, wie von allen anderen Soldaten auch von den beiden Oberleutnants mit „Herr Oberleutnant" angesprochen wurde.
Der Kommandant sprach aber die beiden anderen Oberleutnante nicht mit deren Dienstgrad, sondern nur mit „IWO" bzw. „STO" an. Abwegig, zumindest aber ungewöhnlich wäre es dagegen gewesen, den Kommandanten mit „Herr Kommandant" oder ähnlichem anzusprechen. Während der Kommandant ein Mittdreißiger war, war der IWO gerade mal Anfang Zwanzig und der STO, ein Fachoffizier, vierzig Jahre alt.

Weiterhin gab es vier Bootsleute an Bord, also Soldaten im Feldwebelrang. Während die drei Offiziere jeder eine eigene Kammer besaßen, residierten diese vier Bootsleute zusammen in der sogenannten „Viermannkammer".

Bei den Bootsmännern handelte es sich um die bereits genannten Mot-Meister und E-Meister, außerdem gab es noch einen „Sperrmeister" (für das Sperrwesen, also die Minenräumung zuständig), sowie den „Schmadding". Dem Schmadding unterstand das seemännische Personal, also der Maat und die Matrosen, die für die Bedienung der Leinen beim An- und Ablegen und für die Instandhaltung des Bootes insgesamt zuständig waren.

Die Bootsmänner waren außer dem Kommandanten und dem STO die Ältesten, vor allem aber die „Gesichtsältesten" an Bord. Deren biologisches Alter bewegte sich zwischen 25 und 33 Jahren, vom Aussehen her hätte ich allerdings auf 40 bis 50 getippt.

Die Unterkunft für die Unteroffiziere, also die Maate, war das „U-Deck", das Unteroffiziers-Deck. Dort wohnten der Ari-Maat (Artillerie-Maat), der Nav-Maat (Navigator, Steuermann), der Funk-Maat, die Motorenmaate, der Signal-Maat, der seemännische Maat, der Ortungsmaat (also ich) und der „Schmut" (Smutje, Koch). Der Schmut (bei uns immer so ausgesprochen, mit sch und langem u) war im Zivilberuf gelernter Koch und Konditor und vom Dienstgrad her ebenfalls ein Unteroffizier. Insgesamt waren das also mindestens neun Maate.

Das U-Deck hatte aber nur acht feste Kojen. Außerdem gab es noch drei Notkojen, bei denen handelte es sich um die Sitzflächen bzw. Lehnen rund um die „Back" (den Tisch) des U-Decks, und sie konnten im Bedarfsfall hochgeklappt werden.

Da auf See meistens alle Unteroffiziere an Bord waren, musste zumindest eine dieser Notkojen auch regelmäßig benutzt werden. Dies war natürlich recht ungemütlich, zumal die im übrigen recht schmalen Sitzflächen ja auch zum Wohnen und Essen gebraucht wurden. Teilweise waren sogar mehr als elf Maate an Bord, denn es fand ja alle 3 Monate ein gewisser Austausch statt, die neuen Stelleninhaber waren bereits da, und die bisherigen teilweise auch noch und sollten die Frischlinge erst mal einweisen. In solchen Fällen wurden etwaige überzählige Kameraden im „Heizerdeck" untergebracht und mussten dort in Hängematten schlafen.

Das Heizerdeck war ansonsten die Unterkunft für die „Heizer", also die Mannschaftsdienstgrade der Schiffstechnik.

Außerdem gab es noch den „Bugraum", die Unterkunft für die übrigen Mannschaftsdienstgrade, das waren die Gasten des seemännischen Dienstes, des Sperrwesens sowie der Funk- und Artilleriegast.

Im Unteroffiziersdeck und wahrscheinlich auch in den anderen Decks, gab es, wie ich bald feststellen sollte, eine festgefügte Hierarchie, die sich nach dem Dienstalter, oder genauer nach der Dauer der Dienstzeit, die man an Bord von Perseus bereits zugebracht hatte, richtete. So gab es eine festgefügte Sitzordnung. Der „beste Platz" ganz links außen mit Rückenlehne hatte unser Decksältester, der Obermaat B., der Geschützführer war. So ging es weiter ringsum. Die schlechtesten Plätze hatten die, die am spätesten an Bord gekommen waren. Sie mussten auf der Bank ohne Rückenlehne im Flur Platz nehmen.

Da aber alle drei Monate neue Maate kamen und die alten gingen, rückte man dementsprechend auch auf.

Auch beim „Zulangen" bei den Mahlzeiten galt diese Hierarchie. Als Erster konnte sich also Obermaat B. das größte und schönste Schnitzel etc. greifen, und in der Rangfolge gemäß Sitzordnung ging das so weiter. Diese Einteilung betraf selbstverständlich auch die Verteilung der Kojen. Die vier schönsten Kojen mit Vorhängen hatten die vier Dienstältesten, dann gab es noch vier feste Kojen ohne Vorhänge. Den Neuzugängen blieben zunächst meistens nur die Notkojen bzw. Hängematten. Während meiner Dienstzeit an Bord schaffte ich es immerhin bis zu einer festen Koje ohne Vorhang.

Insgesamt war das eigentlich eine ganz sinnvolle Einrichtung, denn sie verhinderte etwaige diesbezügliche Streitigkeiten.

Im U-Deck von Perseus während der Freizeit, da galt die Sitzordnung nicht. Von links nach rechts der neue und der alte Steuermann, Obermaat B.

„Backskisten" (Spinde) im U-Deck von Perseus

Anzeigegeräte im Navigationsraum von Perseus

Das Bedienteil für das Sonargerät befand sich ebenfalls im Navraum

Der Waschraum des U-Decks von Perseus, bei Seefahrten waren lediglich 2 Kanister mit Wasser vorhanden.

3.2 Auf See

Aber zurück zum 1. April 1978. Dieser Tag war nicht etwa
ein Besichtigungs- und/oder Einweisungstag für mich und
die anderen neu an Bord gekommenen Soldaten. Wir
sollten nämlich noch am gleichen Tag für ganze zwei
Wochen zu einer Einzelbootsübung auslaufen.

Nun war an Bord eine andere Kleidung vorgeschrieben, als
die, die ich im Seesack von Bremerhaven mitgebracht
hatte.
Als Arbeitskleidung an Bord war für die Unteroffiziere – und
zu diesen wurde ich jetzt gezählt – ein blaues Hemd und
eine weiße Hose vorgesehen bzw. sogar befohlen. Ein oder
zwei weiße Hosen hatte ich zwar, aber keine blauen Hem-
den, da ich ja laut Dienstgrad noch gar kein Maat, sondern
eben noch Gefreiter war. Ich hatte daher als Oberteile lediglich die weißen und blauen Matrosenblusen.
Als „UA" (Unteroffiziersanwärter) musste ich aber bei der
täglichen Arbeit bereits das blaue Hemd der Unteroffiziere
tragen, allerdings mit umgedrehten, also leeren Schulterklappen. Bei anderen Gelegenheiten, etwa Wachdiensten
oder beim Landgang, waren dann aber wieder die Matrosenblusen bis zu meiner Ernennung zum Maat zu tragen.
Also bekam ich von einem meiner neuen Kameraden, dem
E-Maat, ein solches blaues Hemd geliehen, das musste für
die nächsten 14 Tage Seefahrt reichen.

Die Klamotten, der Stahlhelm, auch private Dinge etc.
mussten in die sogenannten „Backskisten" verstaut werden,
das waren kleinere hölzerne Spinde an der Wand der
Unterkunft, bei den Maaten also des U-Decks. Die Backskisten waren eigentlich ganz hübsch anzuschauen, viel
Platz hatten sie jedoch nicht. Zum Glück war ich mit meinem Auto nach Olpenitz gefahren und konnte dort noch
Dinge unterbringen bzw. dort belassen, die nicht in die
Backskiste passten. Meinen VW Käfer nannte ich nun denn
auch meine „rollende Backskiste". Den Namen hatte die
Backskiste von der „Back" erhalten, das war der Tisch im

Marinejargon. Gleichzeitig stellten die Backskisten den größten Teil der Rückenlehnen für die um die Back Sitzenden dar, also besser, man musste da nicht allzu oft ran.

Nun musste ich noch meine Freundin anrufen und mitteilen, dass es diesmal mit dem nächsten Wochenende nichts wird, denn ich hatte ja nicht gewusst, dass wir erst mal für zwei Wochen auf See sein würden. Also ein Münztelefon suchen, denn Handys gab es damals ja noch lange nicht. Dann konnten wir meinetwegen auslaufen.

Meine Aufgaben als Radarmaat an Bord von Perseus waren hauptsächlich die Radarüberwachung, der Sprechfunk und die Bedienung des ESM-Geräts. „ESM" bzw. „ECM", das war die Abkürzung für „Elektronische Schutzmaßnahmen" oder, auf Englisch, „Electronic Counter Measures".
Zusätzlich musste ich noch Aufgaben für den Signalmaat übernehmen, wenn dieser mal nicht an Bord bzw. erkrankt war. Das beinhaltete vor allem das Setzen und Erkennen von Signalflaggen, was ich mir nun noch aneignen musste. Gut in Erinnerung geblieben ist mir noch das Signal „BZ", ausgesprochen „Bravo Zulu", das hieß so viel wie „well done", also „gut gemacht".
Eine weitere Aufgabe für den „Signäler", so wurden sowohl der Signalmaat als auch der Signalgast vom Kommandanten genannt, war das Morsen. Das konnte ich mir nicht auf die Schnelle aneignen und musste es glücklicherweise auch nicht, da diese Aufgabe unser IWO erledigte, oft sogar auch dann, wenn der Signäler an Bord war.

Darin unterschied sich halt der Einsatz auf einem Minensuchboot vom Dienst auf einem Zerstörer, einer Fregatte oder einer Korvette. Auf letzteren war man viel stärker auf seinen erlernten Fachbreich spezialisiert.

Nun ging es also hinaus zu meiner ersten Seefahrt mit Perseus, die gleich vierzehn Tage dauern sollte. Vorbei an der Hafenausfahrt von Olpenitz, den Molenköpfen, in die freie Ostsee.

Es sollte jedoch zunächst noch nicht viel draus werden, aus der geplanten zweiwöchigen Ausfahrt. Einmal aus dem Hafen heraus, briste es sehr bald stark auf. Der Wind nahm also zu, bis zu einer Windstärke von sieben oder acht. Wobei ab Windstärke vier Schaumkronen auf den Wellen zu sehen sind. Für höhere Windstärken waren aber die SM-Boote mit ihren flachen Rümpfen nicht so sehr geeignet.

Es wurde nicht nur einiges an Porzellan und ähnlichem Geschirr zerschlagen, sondern es war auch unmöglich, das Minensuchgerät auszubringen. Also kehrten wir nach sechs bis sieben Stunden wieder in den schützenden Hafen zurück.
Ich hatte während des größten Teils dieser Stunden die Klosettschüssel fest umschlungen gehalten, so stark hatte mich die Seekrankheit erwischt. Zum Glück gab es zwei Toiletten an Bord, und den Kameraden ging es wohl besser. Vermisst hatte mich anscheinend auch noch niemand, der starke Seegang lenkte alle von meinem Nichtdasein ab.

Was die Seekrankheit anbelangt, so befiel mich diese künftig häufig und mit großer Intensität. Allerdings nur dann, wenn sofort nach dem Ablegen raues Wetter herrschte. Wenn ich etwas Zeit hatte, mich zu akklimatisieren, wurde ich auch bei starkem Seegang nicht seekrank. Darüber hinaus wurde ich auch bei einer Tätigkeit als Rudergänger (was allerdings leider nur selten vorkam) auch bei starkem Seegang nie seekrank.

Aufgeschoben ist aber nicht aufgehoben, schon gar nicht bei der Marine. Wir fuhren dann eben am nächsten Tag wieder hinaus. Der Sturm hatte sich zwischenzeitlich gelegt.

Die Aufgabe der Minensuchboote bestand hauptsächlich aus einer schier endlosen Hin- und Herfahrerei, um ein

bestimmtes Suchgebiet nach Minen, in unserem Fall
allerdings nur Übungsminen, abzusuchen. Eine echte Mine
haben wir während meiner gesamten Borddienstzeit,
vielleicht glücklicherweise, nie gefunden.

Es gab drei Arten von Minen, die wir unschädlich machen
konnten, nämlich Ankertau-, Geräusch- und Magnetminen.

Ankertau-Minen hängen an einen Tau, also einem Seil, das
am Grund des Meeres befestigt ist und schweben unterhalb
der Wasseroberfläche im Wasser. Kollidieren sie mit einem
Wasserfahrzeug, gehen sie, einen funktionsfähigen Zünder
vorausgesetzt, unweigerlich hoch. Eine sehr sichere Sache.
Die Ostsee ist ja ein ziemlich flaches Gewässer, die durch-
schnittliche Tiefe beträgt nur rund fünfzig Meter, und oft, vor
allem natürlich in der Nähe der Küsten, ist sie noch wesent-
lich flacher. Ankertau-Minen waren bzw. sind daher für die
Ostsee wie geschaffen.
Zum Unschädlichmachen dieser Minen hatten wir große
Schneidgeräte an Bord, um das Tau zu durchtrennen.
Einmal losgelöst, trieben die Minen an die Wasseroberfläche und konnten mit unserem Bordgeschütz, einer 4 cm
Kanone, also eher einem Kanönchen, abgeschossen
werden. Möglicherweise eigneten sich dazu auch die Maschinengewehre, die im Kriegsfall (damals ja ausschließlich V-Fall, Verteidigungsfall genannt) dann auf der Brücke
aufgestellt werden sollten. Bei unseren Übungsfahrten
hatten wir jedoch nie Maschinengewehre an Bord. In den
„Genuss" des Maschinengewehrfeuers von Bord aus kam
ich daher leider nicht.

Geräuschminen reagieren auf die Motorengeräusche des
darüber- bzw. in der Nähe vorbeifahrenden Schiffes. Zum
Räumen dieser Minen sowie zum Eigenschutz wurden
Geräuschbojen eingesetzt. Diese waren lauter als unsere
Motoren und sollten bei der Überfahrt über die Minen diese
zur Explosion bringen.
Mit den Übungsminen funktionierte das recht gut.

Magnetminen reagieren auf das Magnetfeld eines Schiffes. Schiffe sind ja gewöhnlich aus Eisen und besitzen daher ein Magnetfeld, zumindest wenn sie nicht entmagnetisiert worden sind (ein Vorgang, der aber immer wieder wiederholt werden muss). Aus diesem Grund waren die Rümpfe unserer Minensuchboote, sowohl der Kümis als auch der SM-Boote, aus Holz gebaut, und die an Bord befindlichen Metallteile wurden regelmäßig entmagnetisiert. Um Magnetminen zu bekämpfen, hatten die SM-Boote lange und dicke Kabel an Bord, die das Magnetfeld eines Schiffes simulierten. Diese wurden mithilfe von Bojen ausgebracht. Auch dies funktionierte bei den Übungsminen ganz gut, und auch bei echten Minen hätte das vermutlich geklappt.

Die Abschneidgeräte für die Ankertauminen, die „Rattelbojen" gegen die Geräuschminen und die gut umkleideten Magnetkabel für die Magnetminenräumung mussten in einer bestimmten, für mich zunächst wenig verständlichen Reihenfolge zu Wasser gelassen werden. Sie wurden von „Schwimmern", das waren größere und kleinere Bojen, über Wasser gehalten.

Zuständig für das Aus- und Einbringen des Räumgeräts war die Sperrabteilung. Chef war der Sperrmeister, ein Bootsmann, der von einem Obermaat vertreten wurde. Das „Fußvolk" waren die „Sperrgasten", also die Soldaten im Mannschaftsdienstgrad. Das Sperrgerät wurde am Heck von beiden Seiten, also an Steuerbord (rechts in Fahrtrichtung) sowie an Backbord (links in Fahrtrichtung) möglichst gleichmäßig und gleichzeitig ausgebracht.

Insgesamt hatte das Räumgerät eine Länge von fünfhundert Metern, war also recht lang. Das Aus- und Einbringen dauerte eine gewisse Zeit und wurde deswegen auch öfters geübt.

Einmal haben wir von diesen fünfhundert Metern Räumgerät dreihundert Meter nachts und mitten auf der Ostsee

verloren. Es war abgerissen, und das wurde erst beim
Einholen bemerkt.
Wir fuhren also auf gleichem Kurs, wie wir gekommen
waren, zurück und hielten mit dem Suchscheinwerfer, den
vorhandenen Taschenlampen und natürlich auch mit
unserem Radargerät Ausschau nach den abgerissenen
Teilen. Wir wussten ja nicht genau, wie viele Seemeilen das
Räumgerät inzwischen entfernt trieb.
Glücklicherweise fanden wir die fehlenden dreihundert
Meter nach knapp einer Stunde Suchen. Nicht auszudenken, was auf dem dicht befahrenen Gewässer, das zumindest die westliche Ostsee, die wir zumeist befuhren, nun
mal ist, hätte passieren können. Von der Blamage für den
Kommandanten, dem man das fraglos angekreidet hätte,
ganz zu schweigen.

Außer dem Minensuchen wurde auch das Seeziel- und
Luftzielschießen regelmäßig geübt. Uns stand dafür
lediglich unser 4 cm Geschütz zur Verfügung.
Beim Seezielschießen schleppten andere Boote eine Boje
mit Markierung hinter sich her, beim Luftzielschießen ein
alter Doppeldecker eine Art Flyer. Perseus schnitt dabei
immer recht gut ab. Unser langjähriger Ari-Maat B. hatte
hier schon eine große Erfahrung. Fraglich bleibt lediglich,
ob die im Ernstfall eingesetzten gegnerischen Militärflug-
zeuge in der Regel noch langsame Doppeldecker wie bei
unseren Übungen gewesen wären.

Unser Kommandant, ein durchaus kompetenter Offizier,
wurde bei einzelnen Gelegenheiten vom Pech verfolgt und
erinnerte dann in nicht unkomischer Weise an den guten
alten Captain Queeg, vom unvergesslichen Humphrey
Bogart gespielt, aus dem Film „Die Caine war ihr Schicksal"
oder auf Englisch „The Caine Mutiny". Zur Meuterei kam es
bei uns natürlich nicht. Aber einige Vorkommnisse ähnelten
dem Roman irgendwie doch schon verblüffend.

So war die Perseus erst im März, also ein paar Wochen
oder auch nur Tage, bevor ich an Bord kam, irgendwo in

Nähe der Dänischen Küste auf Grund gelaufen. Der
Kommandant schlief wohl mehr oder weniger fest auf
seinem Kommandantenstuhl, der sich auf der rechten Seite
in dem nach hinten offenen Steuerstand unterhalb der
Brücke befand (ich durfte diesen als Sprechfunker zuweilen
auch benutzen). Das Radargerät war wohl auch nicht
eingeschaltet gewesen. Die Perseus musste später von
einem anderen, gerade vorbeifahrenden SM-Boot wieder
flottgemacht werden. So wurde es mir zumindest berichtet.
Bei diesem Auflaufen wurde der Sonar-Dom, das war ein
Gerät zur U-Boot-Ortung am Rumpf von Perseus, beschädigt und unbrauchbar. Das Teil wurde nie wieder repariert,
die Reparatur hätte mindestens 100.000 DM gekostet, und
das wollte man in den alten Kasten nicht mehr stecken.
Perseus war zwar erst 1961 als jüngstes SM-Boot zur
Flotille gestoßen, aber das Ende der Schnellen Minensu-
cher war wohl schon geplant, da man den hölzernen
Booten keine allzu lange Lebensdauer zutraute.

Bei einer späteren Feier hab ich dem Kommandanten ein
Ständchen auf der Gitarre gespielt, das den Text
„zerbrochen ist der Sonar-Dom, die Wucht des Aufpralls
war enorm" reimte. Er hat es wohlwollend aufgenommen.

In den ersten Tagen oder Wochen an Bord fragte mich
unser Kommandant bei einer Gelegenheit, wieso ich mich
denn freiwillig zur Marine gemeldet hätte. Darauf antwortete
ich relativ wahrheitsgemäß, gleichzeitig naiv, aber offenbar
von einem gesunden Selbstbewusstsein geprägt, dass ich
mich von dem Abiturstress etwas erholen wollte.
Die Reaktion darauf ließ nicht allzu lange auf sich warten.
In der nächsten Zeit konnte ich viele unterschiedliche
Wachdienste zu recht ungünstigen Zeiten leisten, so zum
Beispiel zwischen zwölf und vier Uhr nachts und dann
gleich wieder morgens ab sechs oder acht Uhr. Ich hielt das
anscheinend brav und ohne zu murren durch, denn später
hatten wir jedenfalls ein recht gutes Auskommen, der
Kommandant und ich. Das lag wohl auch daran, dass ich
offenbar meinen „Job" zur Zufriedenheit erledigte, was wohl

nicht ganz selbstverständlich war. Oder, anders ausge-
drückt, andere waren anscheinend noch schlechter als ich.

Auch einen Ratschlag für das spätere Leben erhielt ich von
unserem Kommandanten: „Wenn du nicht studierst, wirst
du Handlanger". Ich habe diesen denn auch befolgt.

3.3 Im Hafen

Der April und Mai verging mit mehr oder eher weniger
aufregenden Seefahrten und auch mit gelegentlichen
Hafenliegezeiten. Im Hafen wurden häufiger Sprechfunk-
übungen durchgeführt. Natürlich in Englisch. Unser Boot
hatte das Rufzeichen „WN": Whiskey November. Es galt ja
das Nato-Alphabet.

Wir Unteroffiziere wurden im Hafen zwar offiziell auch um
sechs Uhr morgens geweckt, wie die Mannschaften.
Allerdings kroch von uns kaum einer vor fünf vor sieben
aus der Koje.
Das Wecken war im Grunde sehr human. Es wurde zuerst
„gelockt". Dies machte der UvD, zuweilen auch der
Schmadding, mit einem leichten Pfeifen auf der
„Seemannsmaatenpfeife", oft begleitet von Sprüchen wie
„eine Hand am Sack, eine Hand am Socken, Seemann
bleib noch liegen, das war erst das Locken".
Fünf Minuten später erfolgte dann das obligatorische
lautere Pfeifen, begleitet von „auf, auf ihr müden Leiber, die
Pier steht voller nackter Weiber. Der Bootsmann hat euch
angelogen, sind doch noch alle angezogen" sowie dem
nachfolgenden, ebenfalls obligatorischen „Reise, Reise,
aufsteh´n". Tja, manchmal kannte die Marine noch ihre
Traditionen.

Um sieben hieß es dann „Backschafter auf Station". Die
Backschafter waren Mannschaftsdienstgrade, die uns das
Essen ins U-Deck brachten. Natürlich auch den Tee, den
Kaffee und das „Kujambelwasser", eine vom Schmut selbst

gemachte Limonade. Der Schmut war ja im Zivilberuf gelernter Koch und Konditor und war in Wiesbaden daheim. Seine auf engstem Raum ausgeführte großartige Arbeit wurde von uns allerdings nicht immer entsprechend gewürdigt. Sprüche wie „die Orangen sind aber heute gut gelungen" waren an der Tagesordnung, wenn auch freilich gutmütig gemeint.
Wann wurde einem denn im späteren Leben nochmal das Essen quasi ans Bett serviert?

Um acht Uhr war schließlich Musterung mit anschließender „Arbeitsverteilung". Das geschah in der Regel durch den Schmadding. Der Schmadding war ja der Bootsmann, dem der seemännische Dienst unterstand. Uns Maaten sagte er regelmäßig „Sie haben ja Arbeit", denn der vorhandene Arbeitsvorrat musste ja auch gut eingeteilt werden.

Zu meinen Pflichten im Hafen gehörten jene des „Postbeauftragten". Als Postbeauftragter ging ich, falls nichts anderes anlag, nach der ersten Pause, die von 09.00 bis 09.15 Uhr stattfand, in den Stab. Der Stab war praktisch die Verwaltung für unser Minensuchgeschwader. Er war in der Nähe unserer Pier in einem Backsteingebäude, wohl einem Neubau aus den 60er Jahren, untergebracht. Im Stabsgebäude ging ich zunächst mal in die Kantine, pardon, natürlich Kombüse, um einen Kaffee zu trinken und mich anhand einer bereits zu dieser Zeit populären Zeitung mit großen Buchstaben und vielen Bildern nachhaltig zu bilden. Das konnte natürlich einige Zeit in Anspruch nehmen. War ich genug gebildet, verließ ich die Kombüse und ging zur Postausgabestelle, um die Post für die Besatzung der Perseus abzuholen und sie anschließend an Bord zu verteilen. Idealerweise war es dann nicht mehr lange vor der Mittagszeit. Um zwölf Uhr hieß es dann, nach einem vorhergehenden kurzen „Reinschiff" wieder „Backschafter auf Station". Das hieß also, das Mittagessen wurde uns jetzt serviert.

Nach einem kurzen Schlummer war um 13.00 Uhr wiederum „Heraustreten zur Arbeitsverteilung", die genauso wie morgens ablief, nur ohne vorherige Musterung. Danach ging ich wieder zum Stab, also zur Kantine, zur Postausgabe und verteilte anschließend die Post an Bord. Natürlich vor oder auch nach der nachmittäglichen Pause um 15.00 Uhr, denn während dieser wollte ich nicht stören, das wäre auch unhöflich gewesen. Nach dieser Pause gab es noch das abendliche obligatorische Reinschiff vor dem „Backschafter auf Station" mit dem Abendbrot.

Ja, die Zeiten im Hafen waren überwiegend durchaus beschaulich. Das Wort „blähen" wurde gerne gebraucht. Blähen hatte in etwa die Bedeutung, eine eigentlich schnell zu erledigende Arbeit fast endlos auszudehnen. Sätze wie „da haben wir uns wunderbar herumgebläht" wurden mit ernstem Stolz ausgesprochen, sogar von unseren Bootsmännern. Jeder wusste, was blähen bedeutet, man brauchte nichts weiter zu erläutern. Wer nicht gelegentlich blähte, wurde als Spinner angesehen. Sicher mit einiger Berechtigung.

Das 5. MSG im Heimathafen Olpenitz, Blick in Richtung auf das Stabsgebäude, 1978

Blick in Richtung der Hafenausfahrt (rechts)

Als Bootsmaat der Wache (BdW) auf der Olpenitzer Pier, 1978

Dienstschluss war im Hafen normalerweise so gegen 17.45 Uhr. Wer keinen Wachdienst hatte, also beispielsweise als

UvD, BdW oder GvD (Gefreiter vom Dienst), konnte nun einer Freizeitaktivität nachgehen. Man konnte zum Beispiel ins Soldatenheim nach Olpenitz und dort noch was gutes essen und trinken, wenn einem danach war. Das Essen an Bord beinhaltete trotz der Kochkünste unseres Schmuts halt letztlich doch wenig Abwechslung.
Ansonsten gab es in Olpenitz noch eine Bar, die nicht sehr einladend war, und die wir dann lieber mieden.
Mann konnte auch einfach an Bord bleiben und Brettspiele spielen. Das Spiel „Risiko" war schon damals en vogue, wir spielten es häufig. Natürlich in seiner ursprünglichen Ausführung („Erobern Sie...") und nicht in der heutigen („Befreien Sie...") Ausgabe. Der Realität entsprechend, hatte der Angreifer bei gleichem Wurf das Nachsehen, nicht wie heute der Verteidiger.

Des öfteren war ich mit meinem Freund und Kameraden, dem Funkmaat P., unterwegs. Wenn wir uns in Olpenitz befanden, fuhren wir einmal in der Woche nach Eckernförde, wo es schon damals ein schickes Wellenbad gab. Aber auch Ausflüge in die schönen Kneipen der Umgebung mit mehreren Kameraden wurden gerne unternommen.
Da ich normalerweise, relativ zu den anderen Kameraden, nicht gerade das größte Quantum trank, durfte bzw. musste ich in der Regel fahren. Einer der Kollegen hatte einen wunderschönen VW 1600, das war ein Volkswagen, der wie ein „normales" Auto aussah, aber mit einem Boxermotor, allerdings dem größten von VW mit gewaltigen 50 PS im Heck versehen war.
Mein eigener VW-Käfer verfügte ja lediglich über 34 Pferde.

Schleswig-Holstein ist sowohl hügelig als auch kurvenreich, zumindest dort und im Inneren des Landes. Bei der Rückfahrt von einer Kneipe, alles pennt und ich fahre, die Fahrbahn regennass, bricht mir die „Heckschleuder" hinten aus und dreht sich. Mehrmals sehe ich den Straßengraben auf mich zukommen, lenke aber kräftig dagegen. Mir gelingt es tatsächlich, das Auto auf der Straße zu halten und nirgends anzuecken. Die Kameraden merkten nichts davon und schliefen ruhig weiter bis zum Stützpunkt, wo ich dieses schöne Auto unbeschädigt wieder übergeben konnte, als wäre nichts passiert, was ja auch stimmte.

Nicht immer gingen die Autofahrten rund um den Marinestützpunkt so glimpflich ab. Besonders bei der „Ralley" am Freitag, wo jeder, der keinen Dienst mehr hatte, so schnell wie möglich zur Freundin oder Frau kommen wollte. Dabei wurden oft auch große Entfernungen und kurze Verweildauern bei der Lieben/Geliebten in Kauf genommen.

Wollte man die Fahrzeit so kurz wie möglich halten, ging das nicht immer gut. So kam es zuweilen vor, dass ein PKW unterwegs im Graben landete oder in einem LKW stecken blieb.
Auch ich kam nicht immer ungeschoren davon. Es passierte im Herbst, allerdings unter der Woche. Ich wollte mit meinem Freund, dem Funker, nach Flensburg, dort waren wir noch nicht gewesen. Diesmal mit meinem Auto, dem schönen 64er Käfer Export-Modell. Es sollte sich leider als seine letzte Ausfahrt erweisen. In einer langgezogenen Linkskurve kam mir ein Fahrzeug mit aufgeblendeten Scheinwerfern entgegen, ich geriet zu weit nach rechts, mit zwei Rädern von der Fahrbahn ab und auf das offenbar recht rutschige Gras. Dabei kam der Käfer ins Schleudern und landete schließlich auf dem Dach im Straßengraben. Unsere Verletzungen hielten sich in Grenzen, der Käfer war natürlich Schrott. Wir kamen beide für ein paar Tage in den San-Bereich und wurden von den dortigen Mädels recht nett betreut.

Beim Überschlag war mir jedoch neben meinem für die damaligen Verhältnisse recht guten Fotoapparat auch meine fast neue Brille aus dem Fenster geflogen, und ich konnte beide Teile in der Dunkelheit und auf die Schnelle nicht finden. Aus diesem Grund fuhr ich etwa eine Woche später nach der Entlassung aus dem San-Bereich mit dem PKW meines Funk-Kameraden, ebenfalls einem Käfer, nochmals zum Unfallort und fand meine Brille vollkommen unversehrt im Straßengraben vor. Mein Fotoapparat lag ebenfalls dort, war jedoch durch das zwischenzeitlich eingedrungene Wasser leider nicht mehr zu gebrauchen.

Der Genuss von alkoholhaltigen Getränken ließ sich kaum vermeiden, solange man seine Wohnstätte auf dem Boot hatte. Da hieß es wohl oder übel mitzuhalten. Ein Außenseiterdasein zu führen war so gut wie unmöglich.
Im Hafen von Olpenitz hatten einige, aber bei weitem nicht alle Kameraden eine „Bootsstube", so nannte sich ein Zimmer im Kasernenbereich an Land. Einige Zeit nannte ich auch eine solche mein Eigen, ich hatte diese von einem Kameraden „geerbt", der seine Dienstzeit bei der Marine beendet hatte.
Da ich ja Unteroffizier war, fiel mir die Aufgabe zu, die Mannschaftsdienstgrade, also die Gasten, die ebenfalls eine Bootstube hatten, gesammelt morgens zum Dienst zu geleiten. Offenbar durften diese nicht alleine zum Boot marschieren. Einmal erlaubte ich mir den Spaß, bei dieser Gelegenheit ein paar Kommandos aus dem Formaldienst zu geben, also so was wie „links um", „rechts um", „Abteilung kehrt", was natürlich absurd war, solche Kommandos waren seit der Grundausbildung nicht mehr gegeben worden. Die Kameraden waren natürlich zunächst etwas verdutzt und murrten auch, führten die Kommandos aber dennoch aus. Sie hatten den Spaß erkannt.

3.4 Auf Reisen

Ende Mai, Anfang Juni 1978 machten wir mit dem gesamten 5. Minensuchgeschwader einschließlich unseres Tenders Mosel eine Auslandsreise nach Oslo. Vorbei ging es durch die Meerenge zwischen Helsingborg und Helsingör, durch Kattegat und Skagerrak und schließlich die malerischen Schären, den hundert Kilometer langen Meeresarm, bis zur Hauptstadt Norwegens.

Dort angekommen, konnte an Land, also in die Stadt
gehen, wer keine Wache hatte. Überhaupt benutzten wir
die Formulierung „an Land gehen" gerne. Sie umfasste alle
Aktivitäten außerhalb des Schiffes/Bootes und man musste
nicht näher erläutern, wohin man ging, sofern keiner
genaueres wissen wollte.

Neben der Stadt mit ihren Sehenswürdigkeiten besuchten
wir auch den Holmenkollen, die bekannte Skisprung-
schanze.
Wir hatten damals Ende Mai/ Anfang Juni in Oslo ein
Traumwetter, tollen Sonnenschein mit mehr als 30 Grad
und konnten auch an einen der schönen Waldseen in der
Nähe der Stadt zum Baden gehen.
Laut Aussagen der einheimischen Bevölkerung war es
noch nie so heiß in Oslo gewesen, noch nicht einmal im
Hochsommer.
Auch wurde es dort zu dieser Jahreszeit kaum noch dunkel,
so dass die Wärme und die Helligkeit zusammen schon
einen grandiosen Eindruck machten, womit wir gar nicht
gerechnet hatten.

Das 5. Minensuchgeschwader in Oslo Ende Mai / Anfang Juni 1978

An einem der schönen Waldseen in der Umgebung von Oslo im heißen Frühling 1978

Perseus mit dem 5. MSG auf Großer Fahrt durch den Öresund, Mai 1978

Leider ging diese schöne Auslandsfahrt schnell vorbei.
Wieder zurück in Olpenitz wurde ich dann endlich am 1. Juli

zum Maat befördert und konnte meine Schulterklappen umkehren. Meine Matrosenbekleidung musste ich abgeben und erhielt dafür die schicken Uniformen für die Unteroffiziere, die sich lediglich durch die Rangabzeichen von denen der Offiziere unterschieden.

In diesem Sommer erhielten wir auch zwei Wochen Urlaub. Ich konnte daher in heimischen Gefilden endlich mal mein neues Motorrad ordentlich nutzen, natürlich mit meiner Bremerhavener Sozia.
Bei dieser Urlaubsfahrt bekam mein Käfer leider einen Motorschaden, er lief nur noch auf drei Zylindern. Wahrscheinlich war ich die Kasseler Berge vor allem runter zu sehr gerast, und das hatte den alten Boxer ruiniert. Einen Ersatzmotor erhielt ich zwar noch, leider hatte der Käfer dann kurze Zeit später seinen finalen Unfall, wie bereits geschildert.

Als GUA (Gefreiter Unteroffiziersanwärter) bereits mit der Arbeitskleidung der Unteroffiziere, blaues Hemd und weiße Hose, aber noch umgedrehten Schulterklappen. Im Vordergrund zwei „Heizer", Frühjahr 1978

Im Gegensatz zu den SM-Booten, Küstenminensuchbooten
und Schnellbooten, unternahmen die größeren Schiffe der
Bundesmarine wie Zerstörer und Fregatten auch weitere
Auslandsreisen. Dies beinhaltete natürlich den Vorteil, dass
man was von der Welt sah, konnte einem aber auch zu
wenig angenehmen Nachteilen gereichen. So gelangte
einer meiner Ausbildungskameraden, der nunmehrige Maat
V., mit seinem Zerstörer auf das schöne Hawaii. Nach
seiner Erzählung galt beim dortigen Landgang beim
„Vertragsabschluss" die Devise „one fuck one dollar", von
der Angebotsseite her versteht sich.
Auf diese wohlfeilen Angebote wurde offenbar gerne
zugegriffen. Jedoch sind die günstigsten Offerten nicht
immer die gesündesten, wie sich hier bald zeigte. Denn
später mussten sich von den etwa 250 Crewmitgliedern des
Zerstörers gut 150 in den Sanitätsbereich begeben. Es
hatte nicht ganz so angenehme Nebenwirkungen gegeben,
die mit Penicillin auskuriert werden mussten.

Wir auf Perseus kamen natürlich nicht bis nach Hawaii.
Unser Revier bestand ausschließlich aus Nord- und
Ostsee. Zuweilen legten wir in dänischen Häfen an. In
Kopenhagen natürlich, aber auch kleineren Orten, wie
Frederikshavn („Fredrekshaun" ausgesprochen) im Norden
Jütlands. Die dortigen Einheimischen dürften uns jedoch
nicht alle in guter Erinnerung behalten haben. Bei einem
unserer Landgänge auf der Suche nach Zerstreuung, ich
war wieder mit meinem Kameraden, dem Funkmaat,
unterwegs, wurde uns der Weg zurück zum Boot doch zu
Fuß etwas zu lang. Also lieber schlecht gefahren als gut
gelaufen dachten wir und „liehen" uns ein Fahrrad aus. Der
arme Besitzer musste dieses später dann am Hafen
abholen.

Begünstigt war unser Vorgehen bzw. Vergehen sicherlich
durch den vorherigen Genuss von etwas Alkohol gewesen.
Schon damals war der Alkohol in Skandinavien sehr teuer,
wenn überhaupt erhätlich. Wir hatten an Bord jedoch immer
einen gewissen Vorrat an alkoholischen Getränken, vor

allem Bier, meist Becks und Budweiser. Dies wussten
natürlich auch die Skandinavier, und wir wurden häufig
gefragt, ob wir nicht etwas verkaufen wollten. Soweit mir
bekannt, hat dies jedoch nie ein Besatzungsmitglied
gewagt, es hätte wohl erhebliche Konsequenzen gehabt,
wenn es herausgekommen wäre.

3.5 In der Werft

Im August 1978 hatten wir eine Werftliegezeit in Cuxhaven.
Dorthin fuhren wir durch den Nord-Ostsee-Kanal, die
kürzeste Verbindung zwischen Ost- und Nordsee. Die
„Kanaltaufe", eine ähnliche Veranstaltung wie die Äqua-
tortaufe, blieb uns auf Anweisung des Kommandanten
glücklicherweise erspart.
In der Werft wurde unsere Perseus für die anstehenden
Arbeiten am Holz des Rumpfs auf den Schlick ins Trockene
hochgezogen. Diesem Ereignis konnte ich quasi von einem
Logenplatz aus beiwohnen.
Ich hatte den Auftrag, in einer dortigen Marinewerkstatt ein
kleineres Ersatzteil abzuholen und war daher kurz vor dem
Hochziehen des Bootes von Bord gegangen. Dort konnte
ich nun die weiteren Vorkommnisse von außen gut beob-
achten.
Die SM-Boote hatten normalerweise zwei Ruderblätter.
Alle außer unserer Perseus, die hatte davon abweichend
ein drittes Ruderblatt, das mittig unterhalb der Schrauben
angebracht war. Da so viel Spielraum zum Boden beim
Hochziehen nicht vorhanden war, brach nun dieses dritte
Ruderblatt dabei krachend ab. An dessen Vorhandensein
hatte entweder niemand gedacht, oder es war gänzlich
unbekannt. Auf eine Erforschung dieses Sachverhalts hab
ich aber lieber verzichtet.
Lauter als das Wegbrechen des Ruderblatts war nämlich
das Schimpfen des Kommandanten, der in voller Uniform
auf der Brücke stand. Ich ging daher schnell weiter meines
Weges zur Werkstatt in die Stadt.

Eine weitere Arbeit neben den Erhaltungsarbeiten am hölzernen Rumpf, die in der Werft ausgeführt werden sollten, war die Reparatur des Radargeräts, das aus irgewelchen Gründen defekt war und nichts mehr anzeigte. Das verlängerte unsere Werftliegezeit in Cuxhaven. Das war mir insofern ganz Recht, denn Cuxhaven lag ja im Gegensatz zu Olpenitz in relativer Nähe von Bremerhaven mit seinen Vorzügen.

Ansonsten war die Werftliegezeit eine recht langweilige Angelegenheit. Aber auch in der Werft musste unser Boot ordnungsgemäß bewacht werden. Es musste also sowohl einen UvD (Unteroffizier vom Dienst) als auch einen BdW (Bootsmaat der Wache), sowie mindestens zwei Soldaten im Mannschaftsdienstgrad, die das Boot rund um die Uhr zu bewachen hatten, geben. Ein UvD musste halt grundsätzlich immer vorhanden und zumindest tagsüber wach sein, und der BdW musste nachts alle 2 Stunden die Soldaten für die Wachablösung wecken.

Fahrt durch den Nord-Ostsee-Kanal, Blick von der Brücke von Perseus. Bei den gelben Bojen handelt es sich um die „Schwimmer" für das Minenräumgerät

Auch eine schöne Schiffsglocke aus Messing besaß die Perseus

Eines Tages, bei strahlendem Sommerwetter, ich war gerade UvD, wollte ich mir ein Eis bei dem nur wenige Meter vom Boot entfernten Eismann auf dem Damm holen. Ich hätte ja vielleicht einen meiner beiden Matrosen zum Eisholen schicken können, aber damit wollte ich diese nicht belästigen.

So ging ich selbst. Doch das war eine dumme Idee. Denn dadurch hatte ich meinen Wachbereich verlassen. Zufällig kam mir auf den wenigen Metern zum Eiswagen unser IWO, der junge Oberleutnant H., entgegen.

Er musste sich nunmehr dieses Sachverhalts annehmen oder glaubte das tun zu müssen, da das Verlassen des Wachbereichs bei der Bundeswehr ein Vergehen darstellte, unabhängig davon, ob es sich nur um ein paar Meter und ein paar Sekunden handelte bzw. ein größeres Zeit- und Entfernungsmaß. Auch mein Einwand, dass ich das Boot und dessen Umgebung jederzeit im Auge gehabt hatte, war ohne Belang. Da der Kommandant gerade in Urlaub war, erkundigte sich der IWO beim Flotillenkommando in Olpenitz bezüglich der Höhe des beizumessenden Strafmaßes. Aufgebrummt bekam ich schließlich vier Tage UvD-Dienst unter der Woche, sowie ein Wochenende den Doppeldienst eines UvDs und BdWs. Letzteres war nicht ganz legal, und ich musste meine Einwilligung geben, da ich ja als Unteroffizier vom Dienst naturgemäß tagsüber wach bleiben musste, als Bootsmaat der Wache nachts aber alle 2 Stunden aufstehen, um die Wachablösung zu wecken, was man beides zusammen selbst bei der Bundesmarine eigentlich niemandem zumuten durfte.

Die Arbeiten am Rumpf von Perseus sowie der Austausch des defekten Ruderblatts konnten bei diesem Werftaufenthalt erledigt werden, nicht aber die Reparatur des Radargeräts. Der Fehler wurde einfach nicht gefunden. Wir fuhren daher anschließend noch nach Wilhelmshaven in die dortige Werft, in der Annahme, dass sich dort schon die entsprechenden Spezialisten befinden mussten. Dort wurde mittels eines großen Krans der Radarschirm abgenommen und wohl anschließend zerlegt. Diese Prozedur wurde mehrmals wiederholt. Jedoch konnte offenbar auch dort der Fehler nicht gefunden bzw. behoben werden. Immerhin lagen wir noch eine gute Woche in Wilhelmshaven, und das war ja zumindest besser als die Einöde von Olpenitz.

Bei einer „Verholung" (Verlegung an einen anderen Liegeplatz) im Wilhelmshavener Hafen überfuhren wir ein starkes Tau, was sich um eine der Schrauben wickelte. Auch dies erinnerte mich irgendwie an die „Caine".

Nun mussten wir also mit immer noch defektem Radargerät den Rückmarsch nach Olpenitz durch den Nord-Ostsee-Kanal antreten.
Dort angekommen schaute sich der Telefunken-Techniker des Stützpunkts das Radargerät nochmals an.
Er platzierte einen ganz normalen Föhn, der normalerweise zum Haaretrocknen benutzt wird, in den Radarmast und ließ ihn die Nacht über laufen. Und siehe da, unser Radargerät funktionierte am nächsten Tag wieder einwandfrei. Es hatte sich also lediglich um Feuchtigkeit im Radarmast gehandelt. Ja, gewusst wie!

3.6 Auf Manöver

Nun war also unsere Perseus wieder fit und konnte endlich wieder eingesetzt werden. Es fanden jetzt Flottenmanöver mit allen Booten des Geschwaders statt. Bei diesen Manövern wurden Suchstreifen nach zuvor von anderen Seestreitkräften gelegten Übungsminen abgesucht. Häufig fuhren wir zum Minensuchen in der Gegend von Bornholm herum. Die Insel machte auf mich von der Seeseite her einen langweiligen, windigen Eindruck. Aber der täuschte ja vielleicht, denn an Land gegangen sind wir in Bornholm nie.

Bei solchen Minenräumübungen fuhren die SM-Boote des öfteren parallel nebeneinander, um den Suchstreifen möglichst breit zu gestalten.Kursänderungen wurden vom Führungsboot, also dort wo der Flotillenchef sich befand, mittels Flaggenkommando oder manchmal auch durch verschlüsselten Funkspruch weitergegeben.

Dabei gab es für die Kursänderungen im Verband die Kommandos „Turn" oder „Corpen". „Turn" bedeutete ein gleichzeitiges Eindrehen aller Boote mit gleicher Geschwindigkeit auf einen bestimmten Kurs, so dass die Boote danach nicht mehr nebeneinander fuhren, soweit sie das vorher getan hatten.
Der Befehl „Corpen" hingegen bedeutete, dass alle Boote sich am Schluss der Kursänderung wieder nebeneinander befinden mussten, die außen fahrenden Boote demnach vorübergehend die Fahrt (Geschwindigkeit, bei der Marine „Speed" genannt) erhöhen bzw. die bei der Drehung innen liegenden Boote diese verringern mussten.

Das Entschlüsseln dieser verschlüsselt eingegangenen Funksprüche gehörte ebenfalls zu meinen Aufgaben, wenn kein „Signäler" verfügbar war. Hierzu musste ein bestimmtes, natürlich geheimes Handbuch verwendet werden.

Dabei passierte mir einmal ein Fehler, der durchaus verhängnisvoll hätte ausgehen können. Statt eines „Corpen Port" (Backbord) entschlüsselte ich fälschlicherweise „Corpen Starboard" (Steuerbord).
Wir fuhren mit sechs Booten nebeneinander und als einziges Boot drehte daraufhin Perseus nach rechts und alle anderen nach links. Glücklicherweise befanden wir uns ganz rechts außen, so dass kein Zusammenstoß passieren konnte, weshalb auch der Unmut des Kommandanten ob meines Fehlers sich in Grenzen hielt. Er bemerkte natürlich sofort, dass alle anderen in die andere Richtung fuhren und änderte umgehend den Kurs und die Geschwindigkeit. Da hatten wir, und vor allem ich, ja nochmal Glück gehabt!

Einen tatsächlichen Zusammenstoß hatte unsere Perseus aber einmal im Heimathafen. Wir wollten gerade zu einer Einzelbootsübung auslaufen und rammten dabei das hinter uns liegende SM-Boot. Der Aufprall hatte bei diesem eine größere Beule im Bug zur Folge, bei Perseus ging ein Ladekran zum Ausbringen des Räumgeräts zu Bruch. Außerdem hatte sich die Mannschaft des anderen SM-Boots, die bald an Oberdeck erschien, ganz schön erschrocken. Außer diesem Schrecken war den Männern jedoch nichts geschehen. Ob unser Wachoffizier ein fehlerhaftes Kommando beim Ablegen gegeben hatte, der Matrose am Maschinentelegraphen dieses falsch ausgeführt oder eine Mixtur von beidem vorlag, konnte ich nicht beurteilen. Dafür verstand ich von diesem Metier zu wenig.

Erstaunlicherweise blieb unser Kommandant bei diesem Vorfall sehr ruhig und es schreckte ihn auch keineswegs ab, wie geplant auszulaufen. Vielleicht wäre es aber auch zu peinlich gewesen, nach diesem Vorfall im Hafen liegen zu bleiben. Jedenfalls konnten wir an diesem Tag auf See aber kein Räumgerät ausbringen, da erst einmal der Kran repariert werden musste.

Bei unseren Ausfahrten mit Perseus, entweder während der Einzelbootsausbildung oder mit dem gesamten Geschwader, trafen wir naturgemäß auch zuweilen die Kriegsschiffe anderer Länder. Am häufigsten waren dies Schiffe bzw. Boote der DDR-Volksmarine. Das waren ja eigentlich unsere Gegner bzw. sogar unsere Feinde. Wir lebten ja im sog. „Kalten Krieg". Davon spürten wir jedoch in der Praxis fast nichts. Weder wurde jemals etwas Negatives über die Soldaten des damaligen Warschauer Paktes geäußert, noch kam es zu irgendwelchen, wenn auch harmlosen Konfrontationen. Im Gegenteil, bei dem gelegentlichen Passieren von Einheiten der Volksmarine und der Bundesmarine wurde sich zugewunken, wenn auch vielleicht etwas heimlich.
Man achtete und respektierte sich eben, und das Gleichgewicht der Kräfte war wohl jedem bewusst.
Allerdings, gegenseitige Besuche waren gänzlich unmöglich. Der Eiserne Vorgang war hier doch noch zu undurchdringlich.

3.7 Die Winterkatastrophe 1978/79

So verging denn der Sommer und der Herbst des Jahres 1978 abwechselnd mit See- und Hafentagen.
Über die Weihnachtsfeiertage erhielt ich Urlaub, wie die meisten von uns. Es war an diesem Weihnachten sehr warm in Süddeutschland, so erreichte bei einem Besuch in Ludwigsburg am 25.12. das Thermometer den sagenhaften Wert von plus 19 Grad Celsius. Bei meiner Rückfahrt nach Olpenitz am 27.12. sank jedoch die Temperatur fortwährend, es waren dann nur noch 3 Grad, immerhin noch plus, am Zielort.

Doch wurde es in den nächsten Tagen noch viel kälter und es schneite auch in größeren Mengen. Wir hatten Ostwind. Die Schneemengen nahmen schließlich solche Ausmaße an, dass auch Züge stecken blieben, von Autos ganz zu schweigen. Es wurde Katastrophenalarm ausgerufen.

Niemand durfte über den Jahreswechsel in Urlaub. Private Kraftfahrzeuge durften schließlich nicht mehr fahren. Am Jahreswechsel 1978/79 hatte ich den BdW-Dienst für das ganze 5. Minensuchgeschwader. Der Wind erreichte an Silvester Orkanstärke, Windstärke zwölf. Eigentlich wäre es Windstärke fünfzehn gewesen, aber bei zwölf hörte man auf zu zählen. Das Geschwader lag gut festgemacht im Olpenitzer Heimathafen. Auf dem Weg von meiner Boots-stube (ich hatte sie damals noch) zum Boot hatte ich in einer Hand etwas Gepäck, eine Tüte mit irgendwelchem Kram. Meine Dienstmütze, auch „Deckel" genannt, hielt ich mit der anderen Hand fest, damit sie nicht wegflog. Beim Einsteigen in das Boot musste ich ein Schott, also eine Tür, öffnen, und dabei kurzzeitig den Deckel loslassen. Dabei flog dieser in den „Bach", also ins Hafenwasser.

Dieses Silvester an Bord von Perseus gestaltete sich zu einem kaum vergesslichen Erlebnis. Als Bootsmaat der Wache gehörte es zu meinen Aufgaben, eine Runde über alle Boote des Geschwaders zu machen. Dabei wurde der BdW natürlich überall auf einen „Schluck" eingeladen.
Ich weiß nicht mehr genau, woraus diese Schlucke bestan-den, aber es war sicher was Höherprozentiges, etwa Rum oder Baccardi. Wir hatten so um die acht Boote zu dieser Zeit im Hafen und nur einen BdW, aber acht UvDs, denen ich meine Aufwartung machen musste. Gewissenhaft, wie ich nun mal war, besuchte ich alle Boote.
So stieg mein Alkohollevel naturgemäß von Boot zu Boot an, allerdings war ich damals auch schon Einiges gewohnt.

Feuerwerksraketen hatten wir auch in gewissen Mengen an Bord und veranstalteten damit unser Feuerwerk zum Jahreswechsel. Jedenfalls befanden sich für einige Minuten alle Boote in einem zünftigen „Raketen-Gefecht", was aber alle glücklicherweise unversehrt überstanden.

Am folgenden Morgen, dem 1. Januar 1979, hatte ich von 8 bis 12 Uhr Wache auf der Pier. Die Pier-Wache bestand

Die Dauer der Pierwache von Olpenitz betrug jeweils vier Stunden

immer aus zwei Mann, einem Maat und einem Mannschaftsdienstgrad. Bewaffnet mit unseren Dienstwaffen standen wir auf der Landungsbrücke, wo unser Geschwader festgemacht war. In diesen vier Stunden gefror das Wasser der Ostsee. Zumindest das Wasser im Hafen. Mein „Deckel", also meine Dienstmütze, war also auch insofern verloren, aber ich hatte ja noch eine zweite. Eine Verlustmeldung musste ich freilich schreiben, aber das war noch gar nichts im Verhältnis zu einer Heereseinheit in unserer Nähe, wo ein Leutnant eine solche Meldung für einen ganzen Panzer schreiben musste, der im Schlick versunken war. Jedenfalls ging diese Geschichte damals um.

Die Temperatur fiel in den ersten Januartagen auf Minus 25 Grad. Durch den Sturm und das auflaufende Wasser waren einige Dämme gebrochen bzw. lädiert und drohten zu brechen. Wir waren im Katastropheneinsatz, füllten Sandsäcke und dichteten die nassen Stellen so gut es ging ab. Einige Ortschaften waren von der Außenwelt abgeschnitten und mussten mit Hubschraubern versorgt werden.
Uns ging es dabei recht gut. in den Aufwärmpausen wurde ganz offiziell Glühwein gereicht. Minus 25 Grad sind zwar

recht kalt, aber mit der entsprechenden Kleidung durchaus
noch erträglich, unangenehm war nur das Metall der Brille
auf der Nase.

Bei diesen Temperaturen gefror natürlich auch das Wasser
im Hafenbecken rings um die Boote zu. Einige Zeit ver-
suchten wir noch mit Bootshaken, das sind lange Stangen
aus Holz mit einem eisernen Haken am Ende, das Eis rund
um das Boot aufzupicken. Diese Versuche wurden schließlich aufgegeben, es war einfach nicht zu schaffen.
Langsam gefror in den folgenden Tagen und Wochen die
gesamte Ostsee zu, nur gewisse Fahrrinnen konnten noch
von Eisbrechern freigehalten werden. Das ganze bot einen
recht spektakulären Eindruck, manche verglichen es schon
mit dem Nordpol (wo sie allerdings noch nie waren).
Jedenfalls konnten wir den Hafen in nächster Zeit nicht
verlassen. Mir war das gar nicht so unrecht, ich konnte
zumindest nicht seekrank werden.

Nach einiger Zeit, noch im Januar, wurde der Katastrophenalarm aufgehoben. Es war zwar nach wie vor kalt,
aber Wind und Schneefall hatten aufgehört. Wir konnten
also wieder unsere Familien und/oder Freundinnen am
Wochenende aufsuchen.

Jedoch kam der Winter ausgerechnet an diesem ersten
Wochenende nach Aufhebung des Katastrophenalarms
nochmals mit aller Macht zurück. So war ich gerade mit
dem Zug auf dem Weg von Süderbrarup, dem Olpenitz
nächstgelegenen Bahnhof, nach Bremerhaven. In Bremen
musste ich umsteigen. Leider verpasste ich dort aufgrund
der Wetterereignisse den Anschlusszug. Das Motto der
Bundesbahn „Alle reden vom Wetter, wir nicht", hatte längst
der Realität Platz gemacht. Da dies der letzte Zug an
diesem Tag nach Bremerhaven war, musste ich nun bis
zum nächsten Morgen warten.

Niemals vorher oder nachher habe ich so gefroren wie im

- natürlich ungeheizten - Warteraum des Bremer Hauptbahnhofs. Als ich gerade mal trotz oder wegen der Kälte eingeschlummert war, wurde ich plötzlich von zwei Sheriffs geweckt. Ich hatte meinen Fahrschein vorzuzeigen, sonst hätte ich mich daselbst nicht aufhalten dürfen.

Bremen zeigte sich damals, Ende der 70er Jahre, überhaupt noch als ganz ruhiger, biederer und vor allem sehr sicherer Ort. So fuhr ich eines Sonntag Abends von Bremerhaven zurück zu meinem Stützpunkt Olpenitz. Da ich gerade aufgrund meines Überschlags mit meinem Käfer kein Auto besaß, fuhr ich mit der Bahn bis Bremen und wurde von dort von einem Kameraden aus Delmenhorst mit dem Auto mitgenommen. Zwischen meiner Ankunft in Bremen und der meiner Mitfahrgelegenheit hatte ich etwa noch ein Stündchen Zeit. Diese Zeit nutzte ich für einen Spaziergang durch die Bremer Altstadt. Beim Betrachten der wunderschönen Fassade des Bremer Rathauses gesellten sich unsere Freunde und Helfer zu mir und baten um ein gültiges Ausweispapier. Nach Vorzeigen meines Bundeswehr-Ausweises verzichtete man großzügig auf eine Festnahme. Man hatte mich in Verdacht gehabt, durch das Ausspähen der Fassade nach einer Einbruchsmöglichkeit Ausschau zu halten.

Mein Kamerad aus Delmenhorst hatte damals einen BMW 2002, ein für damalige Verhältnisse recht sportliches Auto, das ich regelmäßig fahren durfte oder auch musste, meist über hunderte von Kilometern bis zum Stützpunkt.
Oft herrschte Nebel, eigentlich fast immer. Man hatte daher die Möglichkeit, entweder auf der rechten Fahrbahn zu schleichen, das hätte halt lange gedauert bis zum Ziel, oder aber flott auf der linken Spur zu fahren. Links war zumindest die gefühlte Wahrscheinlichkeit geringer, auf ein Hindernis aufzulaufen als rechts. Und wenn man schnell genug fuhr, war wohl auch die Möglichkeit gering, dass ein noch Schnellerer von hinten auffuhr. Da wir so bald wie möglich in die Koje wollten, entschied ich mich regelmäßig für die Linksfahr-Option.

Der strenge Winter dauerte noch bis in den März hinein unvermindert an, also auch unsere Zwangshafenliegezeit. Als die Temperatur dann Mitte März schließlich wieder bis zum Gefrierpunkt anstieg, lief jeder nur mit dem Hemd bekleidet draußen herum, der Mantel wäre nach der langen Gewöhnung an die kalten Temperaturen einfach zu warm gewesen. Pünktlich zu Frühlingsbeginn schmolz dann das Eis schnell dahin und gab das Minensuchgeschwader wieder frei. Die Boote hatten die Vereisung völlig unbeschadet überstanden, das lag vielleicht an der Holzbauweise. Soviel Glück hatten nicht alle Fahrzeuge der Bundesmarine. Wie wir erfuhren, wurden einige im Flensburger Hafen liegende Schnellboote von Eisschollen schwer beschädigt.

Der Bahnhof Süderbrarup im Januar 1979

auch in Bremerhavener Hafen breitete sich im Januar 1979 eine Eisschicht aus

Das tiefverschneite Olpenitz zum Jahreswechsel 1978/79

Bevor das Eis geschmolzen war, besuchten wir Anfang März 1979 noch die Stadt Pegnitz in Franken, die Patenstadt unserer Perseus war. Dahin fuhren wieder mal mit einem unserer „gemütlichen" Busse und wurden bei Mitgliedern der dortigen Marinekameradschaft untergebracht, eine angeneme Abwechslung vom Dienstalltag.

3.8 Der Frosch im Frühling

Zu den wichtigsten und häufigsten Tätigkeiten bei der Bundeswehr gehörten die Meldungen an den Vorgesetzten. Zum Beispiel musste ich die Funktionsfähigkeit des Radarabschnitts und bei Abwesenheit des Signalmaats auch des Signalabschnitts seeklar bzw. nicht seeklar melden. Zumeist waren die entsprechenden Abteilungen natürlich seeklar.
Zu den mir am besten in Erinnerung gebliebenen Formeln gehörte „Es fehlt niemand ohne Grund", wenn die Vollständigkeit der angetretenen Mannschaft festgehalten wurde. Da konnte man kaum etwas falsch machen, denn Gründe, dass Kameraden nicht angetreten waren, gab es

ja immer. Nicht was Sie, lieber Leser, vielleicht denken mögen, dass ein Kamerad wegen eines starken vorherigen Alkoholgenusses etwa verschlafen hatte oder aber sich nicht aufrecht halten konnte, so etwas kam niemals vor. Verschlafen ging nicht, irgendwie war das Wecken ja möglich, und wenn jemand sich nicht mehr aufrecht halten konnte, so wurde er unweigerlich von den Kameraden gestützt, wenn nötig von beiden Seiten.

Der am häufigsten gehörte Ausruf an Bord war „Wahrschau". Dies hatte aber nichts mit der polnischen Hauptstadt zu tun. Oft hörte man dies in Verbindung mit „Luk auf", also „Wahrschau Luk auf". Gemeint waren damit die Bodenklappen. Unterhalb der Mannschaftsunterkünfte, also praktisch im Bauch des Bootes befanden sich noch größere Räumlichkeiten, die sowohl unsere Getränkevorräte als auch diverse Ersatzteile etc. enthielten. So auch für den Radarbereich, wo manchmal auf bestimmte Teile zurückgegriffen werden oder von Zeit zu Zeit eine Inventur stattfinden musste. Das entsprechende Luk hierfür befand sich ausgerechnet zwischen den Kammern von Kommandant und IWO, so dass ich mich möglichst wenig in diesen Räumlichkeiten im Schiffsbauch sehen ließ.

Nun konnten wir also endlich wieder zur See fahren.
Im April 1979 hatte ich noch einen Resturlaub von drei Tagen, den ich in Mannheim verbrachte. Donnerstags zum Wecken musste ich allerdings wieder zum Dienst auf Perseus erscheinen. Ein von mir beantragter Sonderurlaub von zwei Tageb zwecks Arbeitssuche nach der Bundeswehrzeit war – durchaus erwartungsgemäß- natürlich nicht genehmigt worden.
Nun waren es von Mannheim bis Olpenitz zirka 760 Kilometer. Mein Vater überließ mir damals seinen alten Volkswagen, er hatte sich ein neues Auto zugelegt. Mit diesem Käfer, einem 1300er mit 40 PS, legte ich die Strecke locker in siebeneinhalb Stunden einschließlich Tankpause zurück.

Um nach dieser längeren Fahrt noch drei oder vier Stunden Schlaf zu erhaschen, was für mich damals ausreichend war, um den Tag unbeschadet zu überstehen, fuhr ich abends um halb acht los. Ich erreichte auch recht pünktlich so gegen drei Uhr morgens den Stützpunkt Olpenitz und ging umgehend auf Perseus, denn eine Bootsstube hatte ich zu diesem Zeitpunkt nicht mehr. Seit einiger Zeit hatte ich aber auf Perseus eine eigene Koje, denn ich war gemäß meiner Dienstzeit in der Hierarchie bereits beachtlich vorgerückt. Während sich die neu Hinzuge-kommenen mit den Notkojen begnügen mussten, gehörte ich mittlerweile schon zu den „Alten".

In meiner Koje schlief jedoch überraschenderweise in dieser Nacht der Artillerie-Obermaat B. B., unser Decks-Ältester, übernachtete, wenn wir in Olpenitz lagen, normalerweise nicht an Bord. Er war als Verheirateter ein „Heimschläfer", das heißt, er hatte eine Wohnung an Land und erschien erst morgens zum Dienstbeginn um sieben Uhr. Nun denn, wie dem auch sei, ich war ja recht müde, also die Notkoje herabgeklappt und sich hingehauen, es war ja nicht mehr allzu viel Zeit bis zum Wecken. Ich hatte gerade das Licht ausgemacht und mich herumgedreht, als dieses wieder anging. Es war der BdW, der Bootsmaat der Wache also, der uns weckte. Wie ich erfuhr, sollten wir gleich hinausfahren, um den russischen Zerstörer „Frog", anscheinend ein neues Modell, zu fotografieren . Meine Aufgabe bestand darin, als ESM/ECM- „Spezialist" Daten über diesen Zerstörer zu sammeln. Hierzu musste ich mich in „meinen" ESM-Raum begeben Wie bereits geschildert war ESM ja die Abkürzung für „Elektronische Schutzmaß-nahmen".

Die Daten über den Frosch sollte ich auf entsprechenden, natürlich geheimen Formblättern in 15-minütigem Abstand festhalten. Es handelte sich hierbei um Parameter wie Fre-quenzen, Entfernung und Azimut. Wobei „Azimut"
einfach die Peilung in Grad bedeutete.

Mein ESM- bzw. ECM-Kabuff hatte in etwa die Größe einer WC-Kabine. Es war von allen anderen Abteilungen an Bord abgegrenzt und hatte auch normalerweise keine Kommu-

nikation mit diesen (ein Telefon war zwar vorhanden, wurde
aber praktisch nicht benutzt). Der kleine Raum war auch
recht abgedunkelt, das einzige Licht war eine Art Notbe-
leuchtung und die Lämpchen des Telefunken-ESM-Geräts,
die gelegentlich recht beschaulich aufglommen. Es blieb
also nicht aus, dass ich, nach der langen Autobahnfahrt
und ohne die geringste Mütze Schlaf, alsbald in einen
erholsamen Schlummer verfiel.
Beim Wiedereinlaufen in den Hafen erwachte ich daher
recht erfrischt, es war so gegen 9 Uhr morgens. Wie mir
bald mit Schrecken bewusst wurde, hatte ich keine einzige
Aufzeichnung über den „Frog" getätigt.

Nun war unser Kommandant, dem ich die geheimen
Datenblätter vorlegen musste, ESM- bzw. ECM-Offizier
für das ganze 5. Minensuchgeschwader. Er galt als „harter
Hund", schließlich hatte er in der jüngeren Vergangenheit
einige „geringfügige Fehler" gemacht, die ausgebügelt
werden mussten, wie beispielsweise das bereits geschil-
lderte Auflaufen an Land in der Nacht, das Überfahren einer
Trosse oder das Abbrechen eines Ruderblatts, wollte er
irgendwann zum Kapitänleutnant befördert werden.

Unser Kommandant musste wiederum die aufgezeichneten
Datenblätter über den Frog-Zerstörer seinem Vorgesetzten,
dem Flotillenchef, vorlegen. Das Nichtvorhandensein dieser
Daten gerade seines eigenen Boots, hätte wohl gar nicht
besonders vorteilhaft ausgesehen.
Dieses Sachverhalts war ich mir durchaus bewusst. Ich
fragte daher beim Frühstück meine Unteroffiziers-
Kameraden, die in der fraglichen Zeit auf der Brücke waren,
wo und wann der russische Zerstörer sich zu gegebener
Zeit aufgehalten hatte.

das ESM/ECM-Gerät Telefunken DR 875

Die übrigen Daten, wie die Frequenzen der Radargeräte
und/oder der Feuerleitgeräte des fremden Schiffes konnte

ich aus den uns durchaus bereits vorliegenden, natürlich geheimen Unterlagen entnehmen und nachtragen. Ich füllte also meine Datenblätter nach den mir jetzt zur Verfügung stehenden umfangreichen Daten sorgfältig und gewissenhaft aus, das heißt, ich trug für alle Viertelstunde die Frequenzen, Abstand, Azimut etc. nach.

Später am Vormittag legte ich diese Aufzeichnungen unserem Kommandanten vor, in der Hoffnung, nicht allzu sehr gemaßregelt zu werden. Dazu gab es jedoch keinen Anlass, im Gegenteil, ich wurde ob meiner genauen Daten ausdrücklich gelobt.

3.9 Speed

Vom 4.-8. Mai 1979 besuchten wir mit dem 5. Minensuchgeschwader die Stadt Västerås in Schweden. Västerås liegt am Mälarsee, etwa 100 km westlich von Stockholm, quasi also im Landesinneren. Der Mälarsee (schwedisch Mälaren) war bis zum Mittelalter eine Ostseebucht und hat sich dann durch Hebung des Landes vom Meer getrennt. Die Verbindung zur Ostsee ist heute für die Schifffahrt über Schleusen und Kanäle sichergestellt.
Västerås war ein sehr beschauliches Städtchen mit vielen bunten Holzhäusern. Wir hatten bei diesem Besuch das vollständige Geschwader mit 11 SM-Booten dabei und wurden natürlich noch von unserem getreuen Tender Mosel und zusätzlich vom Versorger Lüneburg begleitet.

Um die Namen der Boote (in Klammer deren Kennungen) einmal der Vollständigkeit wegen festzuhalten: es waren Perseus (M1090), Pluto (M1092), Neptun (M1093), Widder (M1094), Herkules (M1095), Fische (M1096), Gemma (M1097), Deneb (M1064), Jupiter (M1065), Atair (M1067) und Wega (M1069).

Alle SM-Boote und die Versorgungsschiffe konnten an einem den Besuchstagen von der Bevölkerung vor Ort

besucht werden. Besondere Veranstaltungen an diesen vier
Tagen wie Einladungen, sportliche Aktivitäten oder Besich-
tigungen waren in einem speziellen Besuchsprogramm
festgehalten. Auch ich konnte die eine oder andere Frage
des einen oder anderen Besuchers nach bestem Wissen
beantworten.

Auf der Rückfahrt von Västerås statteten wir noch der
schwedischen Hauptstadt Stockholm, einer eindrucksvollen
Großstadt, einen kurzen Besuch ab.

Bei allen längeren Reisen und Manövern, die wir im
Geschwader unternahmen, war der Tender Mosel für uns
eine allseits beliebte Duschstation. Im SM-Boot führten wir
für Zwecke der Körperpflege auf Seereisen lediglich zwei
Wasserkanister mit, die natürlich allenfalls zum Zähneput-
zen und zur Katzenwäsche ausreichten. So waren wir
immer wieder froh, wenn wir am Versorgungsschiff anlegen
und ausgiebig duschen konnten, wie hier in Schweden.
Man wollte ja auch adrett und sauber an Land erscheinen.
Die Süßwasservorräte des Tenders Mosel waren im
Gegensatz zu unseren SM-Booten fast unerschöpflich.

Die Schnellen Minensuchboote sollten werksseitig
eigentlich eine Höchstgeschwindigkeit von 24 Knoten
erreichen. Die beiden Dieselmotoren hätten für diese
„Speed" eigentlich ausreichen sollen. Jedoch verhinderte
dies offenbar die Holzbauweise und die zu flache Form des
Unterbaus. Ein SM-Boot war halt doch kein Schnellboot,
bei weitem nicht. Denn letztere erreichten eine Höchstgeschwindigkeit von etwa 40 Knoten, die SM-Boote allenfalls
21. Und das auch nur mit „dreimal Wahnsinnige" (Fahrt)
voraus. So wurden wir bei der Einfahrt in den Wilhelmshavener Hafen einmal locker von einem Flugzeugträger
überholt, was unserem Kommandanten sichtlich missfiel.

Die täglich zurückgelegte Entfernung wird in der Navigation
als „Etmal" bezeichnet. Das schöne alte Wort bezeichnet
die von 12.00 Uhr Mittag bis 12.00 Uhr Mittag des

Folgetags zurückgelegte Wegstrecke in Seemeilen. Knoten sind die Seeemeilen pro Stunde. Eine Seemeile = 1,852 Kilometer.

Sehr gebräuchlich war auch das Längenmaß „Kabellänge" oder kurz „Kabel" genannt. Ein Kabel war eine zehntel Seemeile, also etwa 185 Meter. Sowohl die Schussentfernungen als auch die Radarabstände (was ja auch gleichbedeutend sein konnte) wurden in Kabellängen gemessen.

So näherte sich langsam aber sicher das Ende meiner zweijährigen Dienstzeit bei der Bundesmarine. Unser Kommandant fragte mich mehr als einmal, ob ich nicht verlängern wollte und möglicherweise die Offizierslaufbahn einschlagen. Er sagte dies wohl auch deshalb, weil für mich noch kein Nachfolger in Sicht war. Im Nachhinein wäre das vielleicht gar nicht so übel gewesen, zumal ich ja immer noch nicht wusste, was ich hinterher machen sollte und zumal es sich später herausstellte, dass die Zeit bei der Bundeswehr nicht unbedingt die schlechteste war.
Aber irgendwie trieb es mich weiter, und das hatte sicher auch seine Berechtigung.

Im Juni unternahm ich mit Maat P. eines Abends noch einen Ausflug von Olpenitz nach Husum, das liegt bekanntlich auf der Nordseeseite von Schleswig-Holstein.
Nach Genuss von gepulten Krabben direkt vom Kutter und sechs Fläschchen Bier, ereilte mich dort eine gewisse Müdigkeit. Während P. noch eine Kneipe aufsuchte, wollte ich daher ein Schläfchen in meinem Auto machen, mit dem wir hergefahren waren. Da es dort so hoch im Norden auch im Sommer abends recht frisch sein kann und damals auch war, hatte ich die glorreiche Idee, die Heizung und damit also den Motor anzulassen. Ich war noch nicht lange eingeschlummert, da klopfte es an der Scheibe. Es waren die örtlichen Sheriffs. Ich sollte in das Röhrchen blasen. Dies sah ich jedoch überhaupt nicht ein. Ich war ja nicht gefahren! Da aber mein Alkohlspiegel nun mal festgestellt werden sollte, wurde ich zur Blutabnahme mit zur Wache

genommen. Da es mitten in der Nacht war, weckten die Polizisten einen ältlichen Arzt, der mir dann etwas unsanft den nötigen Lebenssaft entnahm.
Meinen Führerschein behielten die Sheriffs gleich ein. Es stand also eine Taxifahrt von Husum zurück zum Stützpunkt Olpenitz an. Das waren 80 Kilometer, und die kosteten 120 DM. Ich weiß auch gar nicht mehr, wie mich Maat P. in der Polizeiwache gefunden hatte bzw. weshalb er überhaupt darauf kam, dass ich dort sein konnte.

Am nächsten Tag haben wir dann zu dritt meinen Käfer wieder zum Stützpunkt geholt. Ich durfte ja nicht fahren. Meinen Führerschein erhielt ich erst zwei Wochen nach meiner Entlassung von der Bundeswehr auf der Polizeiwache Mannheim-Waldhof zurück. Ich hatte 0,75 Promille gehabt, und das lag unter der Grenze von 0,8 Promille, die den Entzug der Fahrerlaubnis gerechtfertigt hätte. Aber doch wohl nur, wenn ich denn überhaupt gefahren wäre, was ja nicht der Fall war.
Für mich war daher die Entscheidung, nicht in die Tüte blasen zu wollen, nicht nur teuer, sondern auch mit erheblichen Erschwernissen einhergegangen. Denn irgendwie musste ich meine Klamotten und auch das Auto wieder nach Hause bugsieren. Wie ich das anstellte, möchte ich hier lieber nicht ausführen. Jedenfalls war meine „Speed", mit der ich ich die Fahrt von Nord nach Süd mit dem Käfer zurücklegte, kaum zu toppen.

Schluss

Vierundachtzig Kilogramm, oder besser gesagt Kilopond. Mein Gewicht bei der Enduntersuchung vor der Entlassung bei der Bundeswehr. Ein Kilo mehr als bei der Eingangsuntersuchung. Zwischenzeitlich war es auch mal deutlich weniger gewesen, zur Zeit der Grundausbildung und des Lehrgangs. Irgendwie hatte ich mich an Bord zu wenig bewegt und zu viel gegessen.

Vor der Entlassung stand noch die Auskleidung an. Zu meiner Ausrüstung gehörten auch das Paar schwarze Halbschuhe. Bei diesen hatte ich aus Nachlässigkeit die Fersen herunter getreten. Nun sollte ich die Schuhe bezahlen, es waren 20 DM. Andernfalls wollten sie mich nicht aus der Bundeswehr entlassen. Zumindest hätten sie mich noch ein paar Tage dabehalten. Na ja, nach einiger Überlegung wollte ich es doch nicht darauf ankommen lassen und zahlte, obwohl es mich schon irgendwie gereizt hätte, nicht zu zahlen. Außerdem hatte ich die Schuhe ja auch zwei Jahre getragen.

Mein letzter Tag auf Perseus war der 30.Juni 1979, ein Samstag.
Am Quartalswechsel war immer ein Kommen und Gehen, da ein Teil der Mannschaft ging und dafür neue Gesichter kamen. Die neuen sah ich diesmal nicht mehr, denn die kamen erst am Montag. Unser Kommandant wurde endlich am 1. Juli 1979 zum Kapitänleutnant befördert, er hatte es sich redlich verdient. Ich dagegen wurde als Obermaat der Reserve entlassen.

Perseus fuhr natürlich auch nach meiner Entlassung zunächst noch weiter. Einmal, im Spätsommer 1979 hab ich das Boot noch mal besucht, ich war gerade in der Gegend und hab sogar nochmal an Bord übernachtet.

Im Jahr 1992 erschien der Fernsehfilm „Schtonk". Es ging dabei um den Betrug mit den Hitler-Tagebüchern, dem die Illustrierte „Stern" aufgesessen war. In diesem Film spielte auch ein Schiff mit, das mir irgendwie bekannt vorkam, ich dachte mir aber zunächst nichts weiter dabei, die Perseus konnte es doch wohl nicht sein. Erst viele Jahre später kam ich auf die Idee bzw. hatte ich die Möglichkeit, das einmal zu googeln, und dabei stellte sich heraus, dass das ehemalige SM-Boot Perseus die Rolle der Göring-Jacht „Carin II", und zwar in deren vergammeltem Zustand gespielt hatte. Irgendwie passend für die alte Perseus, die 1988

außer Dienst gestellt worden war und dann noch einige
Jahre als Wohnschiff im Hamburger Hafen genutzt wurde.

Die Perseus wurde bald darauf verschrottet und die letzten
SM-Boote schieden 1995 aus dem aktiven Dienst aus.